跨越数字鸿沟：青年大学生沟通技能的培养路径与实践探索

贾鹏飞◎著

图书在版编目（CIP）数据

跨越数字鸿沟：青年大学生沟通技能的培养路径与实践探索 / 贾鹏飞著. -- 北京：中国原子能出版社, 2025. 4. -- ISBN 978-7-5221-4082-7

Ⅰ. G645.5

中国国家版本馆 CIP 数据核字第 20257K707P 号

跨越数字鸿沟：青年大学生沟通技能的培养路径与实践探索

出版发行 中国原子能出版社（北京市海淀区阜成路 43 号　100048）

责任编辑 白皎玮　陈佳艺

责任印制 赵　明

印　　刷 河北宝昌佳彩印刷有限公司

经　　销 全国新华书店

开　　本 787 mm×1092 mm　1/16

印　　张 15.5

字　　数 235 千字

版　　次 2025 年 4 月第 1 版　2025 年 4 月第 1 次印刷

书　　号 ISBN 978-7-5221-4082-7　　　　**定　价** **86.00** 元

前　言

长久以来，受到教育资源分配不均、社会经济差异、技术普及程度不同等多重因素的制约，我国大学生在跨越数字鸿沟、培养高效沟通技能方面的发展相对滞后，与信息时代对人才沟通能力的迫切需求形成了鲜明对比。在新时代的背景下，随着教育公平理念的深入贯彻和信息化教育的快速发展，大学生沟通技能的培养迎来了前所未有的发展机遇与挑战。

当前，如何以科学、高效的方式促进大学生跨越数字鸿沟，提升他们的沟通技能，以满足社会日益增长的对高素质人才的需求，推动教育公平与社会全面进步，已成为亟待探讨和解决的重要课题。这要求大家不仅要关注大学生在技术层面的数字素养提升，更要重视他们在情感交流、团队协作、跨文化沟通等多维度沟通能力的培养。

本书共八章内容，对如何跨越数字鸿沟，提升大学生沟通技能进行了全面而深入的研究。第一章聚焦于数字鸿沟与大学生沟通技能的内涵解读，主要介绍了数字鸿沟的概念起源及其多维度解析，大学生沟通技能的构成元素及其重要性，以及数字时代对大学生沟通技能提出的新要求；第二章为数字鸿沟影响大学生沟通技能的理论分析，分别从信息传播理论、认知心理学和社会学理论三个不同视角，探讨了数字鸿沟如何影响大学生的沟通技能；第三章首先概述了传统青少年社会交往模式，其次分析了数字时代青少年社会交往模式的新变化，最后讨论了这些变化对大学生的启示；第四章从信息获取、思维方式、社交方式和沟通媒介四个层面，描述了数字鸿沟对大学生沟通技能影响的现实表现；第五章提出了以学生为中心、融合发展和与时俱进的动态三种基本理念，作为指导大学生沟通技能培养的原则；第六章详细阐述了提升信息素养、强化思维能力、拓展社交能力、培养多媒介沟通能力等具体策略；第七章以数字时代下大学生沟通技能培养面临的挑战与应对为主题，分析了信息过载、网络舆论压力、技术更新换代，以及个体差异与群体差异等挑战，并提出了相应的应对措施；第八章从课程体系建设、实践活动体系建设、校园文化与氛围营造，以及师资队伍建设四个方面，探讨了构建大学生沟通技能培养体系的路径。

本书在内容和结构上具有以下几个显著特色。

第一，多维度的深度剖析。本书从社会学、心理学、教育学、信息技术、文化交流，以及职业发展等多重维度出发，对“跨越数字鸿沟：大学生沟通技能的培养与挑战”进行了全面且详尽的阐释，展现了广阔且深刻的学术视野。它不仅关注大学生沟通技能本身，还深入探讨了这些技能在数字时代背景下所面临的各种挑战和机遇。

第二，系统性与全面性的研究框架。本书在结构上严谨有序，内容上囊括了数字沟通及大学生沟通技能的基础知识、数字时代下青少年社会交往模式的演变特征、数字时代下大学生沟通技能培养的具体策略及沟通技能培养体系的路径等多个方面，构建了一个完整且系统的研究框架。这样的框架有助于读者全面理解大学生沟通技能的培养过程及其面临的挑战。

第三，创新与前瞻的洞察。本书在研究视角、研究内容，以及研究方法上均展现了其创新性与前瞻性。特别是在探讨大学生如何跨越数字鸿沟、适应数字时代的沟通方式、提升沟通技能以应对未来职业发展等方面，提出了独到的见解和观点。这些见解和观点不仅有助于读者深入理解当前大学生沟通技能培养的现状，还能为未来的研究和实践提供有益的参考。

本书在写作过程中查阅了大量关于青年大学生沟通技能发展的著作和期刊资料，在此对相关作者表示诚挚的谢意。鉴于作者的时间和能力所限，本书中可能存有疏漏和错误。作者诚挚地请求读者提出宝贵的意见和建议，以便在后续研究中能够进一步深化和完善这一议题，助力为帮助大学生跨越数字鸿沟、提升沟通技能贡献更多的智慧与力量。

目　录

第一章　数字鸿沟与青年大学生沟通技能的内涵解读 …… 1

第一节　数字鸿沟：概念溯源与多维透视 …… 2

第二节　沟通技能：构成要素与价值重构 …… 10

第三节　数字时代：场景重构与能力重塑 …… 22

第二章　数字鸿沟对青年大学生沟通技能影响的跨学科阐释 …… 27

第一节　信息传播学视域：数字鸿沟的传播机理探析与优化路径 …… 27

第二节　认知心理学视域：数字鸿沟下的思维模式重构与认知偏差矫正 …… 37

第三节　社会学视域：数字鸿沟引发的社交模式重构与关系网络演化 …… 46

第三章　数字时代下青年大学生社交模式的演变与启示 …… 53

第一节　传统模式：青年大学生社会交往模式的历史演进与特征分析 …… 53

第二节　数字范式：青年大学生社会交往模式的数字化转型与创新特征 …… 60

第三节　模式演变：青年大学生社会交往模式的融合发展与实践启示 …… 71

第四章　数字鸿沟影响青年大学生沟通技能的现实表征 …… 76

第一节　信息获取：信息获取差异的形成机制与沟通效能优化 …… 76

第二节　思维方式：数字化思维的离散特征与心智建构路径 …… 80

第三节　社交方式：多平台社交的异质性特征与互动模式创新……86
第四节　沟通媒介：新兴沟通媒介的技术张力与数字素养提升策略……89

第五章　数字时代下大学生沟通技能培养的基本理念……93
第一节　以学生为中心的个性化培养理念：构建与实施策略……93
第二节　融合发展的多元化培养理念：内涵与应用策略……102
第三节　与时俱进的动态化培养理念：创新与优化策略……109

第六章　数字时代下大学生沟通技能培养的具体策略……114
第一节　数字素养提升策略：系统框架构建与实践路径……114
第二节　思维能力强化策略：多层次训练体系与实践应用……138
第三节　社交能力拓展策略：全方位实践路径与能力提升……151
第四节　多元沟通能力培养策略：跨文化视角与培养路径……165

第七章　数字时代下大学生沟通技能培养面临的挑战与应对……171
第一节　信息过载挑战与应对策略……171
第二节　网络舆论压力与应对策略……183
第三节　技术发展迭代与应对策略……192
第四节　个体与群体差异应对策略……200

第八章　数字时代下构建大学生沟通技能培养体系的路径……205
第一节　课程体系的构建与优化……205
第二节　实践体系的建设与实施……212
第三节　校园文化的营造与培育……220
第四节　师资队伍的建设与发展……228

参考文献……236

第一章　数字鸿沟与青年大学生沟通技能的内涵解读

在当今信息爆炸的时代，数字鸿沟宛如一道难以逾越的无形高墙，正以悄无声息却又极具渗透力的态势，在教育领域肆意蔓延。这一现象所带来的影响广泛而深远，其背后所反映的问题也绝非表面上技术设备的有无那般简单。数字鸿沟在教育领域的体现是多维度的。如教育资源的分配不均、信息获取能力的差异。更为关键的是，数字鸿沟还导致了思维方式上的巨大差异。长期接触丰富数字资源和先进技术的大学生，在沟通交流中往往展现出更开放、多元的思维模式。他们善于利用数字工具进行创新表达，通过线上协作平台与不同背景的人交流合作，拓宽了思维边界，提升了沟通技能。而受数字鸿沟影响的大学生，由于缺乏这样的环境和机会，思维相对局限，在沟通中可能表现得不够自信和流畅，难以充分发挥自己的潜力。可见，这种数字鸿沟对大学生沟通技能的培养和发展产生了显著影响。如何跨越日益显著的数字鸿沟，以及在这一背景下如何有效培养大学生的沟通技能并应对相关挑战，已成为当前教育界广泛关注的焦点议题。通过本章的阐述，旨在为读者提供一个全面而深入的理解，为后续章节的探讨奠定坚实的基础。

第一节　数字鸿沟：概念溯源与多维透视

一、什么是数字鸿沟

在信息技术迅猛发展的时代背景下，数字鸿沟作为一个重要的社会现象逐渐进入人们的视野。这一概念最初由美国国家电信和信息管理局在 1999 年发布的报告《在网络中落伍：定义数字鸿沟》里明确提出。它所描述的是信息时代中，不同人群在接触和利用先进信息技术工具方面存在的显著差距。这种差距并非简单的技术层面差异，而是具有广泛而深刻的社会影响。

从宏观层面来看，数字鸿沟在全球范围内体现为贫穷国家与富裕国家之间信息水平的巨大落差。富裕国家凭借其雄厚的经济实力和先进的科技基础，能够大力投入信息技术基础设施建设，推动信息技术的广泛应用，国民也能更便捷地接触和利用各类先进的信息技术工具。而贫穷国家由于资源有限，在信息技术基础设施建设上相对滞后，民众获取和使用信息技术的机会较少，与富裕国家在信息水平上的差距不断拉大。

从微观层面深入分析，数字鸿沟深刻反映了社会各阶层之间的不平等现象。这种不平等具体体现在多个维度。

（1）接入条件维度

接入条件是衡量数字鸿沟的基础层面，主要涉及人们在互联网接触和使用方面的基础设施、软硬件设备条件。经济地位优越的人群，往往拥有更多的资源和机会，能够轻松获得高质量的互联网接入服务，配备先进的软硬件设备。他们可以随时随地通过高速网络获取所需信息，享受信息技术带来的便利。相反，经济条件较差的人群可能因经济限制，无法承担网络接入费用或购买先进设备，从而面临网络接入困难，在信息获取的起点上就处于劣势。

（2）基本技能维度

基本技能指的是人们利用互联网处理信息的基本知识和技能。这些技能

与教育水平密切相关。受过良好教育的人群，在学校和社会环境中接受了系统的信息技术教育和培训，能够熟练掌握互联网操作技能，高效地筛选、分析和利用信息。他们能够快速适应新技术的发展，不断提升自己的信息处理能力。而教育水平较低的人群，由于缺乏相关的教育资源和培训机会，在面对复杂的信息技术时往往感到力不从心，难以掌握必要的信息处理技能，这使得他们在信息时代的竞争中处于不利地位。

（3）内容适应性维度

互联网内容的特点、信息的服务对象，以及话语体系的取向等因素，对不同群体从互联网中受益的程度有着重要影响。互联网上的信息内容丰富多样，但并非对所有群体都具有同等的适用性。某些内容可能更侧重于特定社会群体的需求、兴趣和知识背景，这使得与之匹配的群体能够更容易从中获取价值，而其他群体则可能因内容的不适应性而难以从中受益，进而加剧了数字鸿沟。例如，一些专业领域的信息可能更适合具有相关专业知识的人群，而对于缺乏相关背景的人群来说，这些信息可能晦涩难懂，无法有效利用。

（4）使用意愿与动机维度

使用意愿与动机涉及人们上网的意愿、动机、目的，以及信息寻求模式。不同社会群体在上网意愿和动机上存在显著差异。一些群体可能出于学习、工作、社交等多种目的，积极主动地利用互联网资源，不断探索和获取新的信息，提升自己的能力和竞争力。而另一些群体可能由于对互联网的认知不足、缺乏实际需求或受到社会文化等因素的影响，上网意愿较低，缺乏主动获取信息的动力，在利用互联网资源和信息方面相对滞后。

总体而言，数字鸿沟的产生与社会各阶层之间的不平等紧密相连。它不仅是信息技术发展过程中的产物，反映了信息技术发展带来的机遇与挑战，更揭示了社会结构中的深层次问题。数字鸿沟的存在，进一步加剧了社会的不平等，限制了部分人群的发展机会，影响了社会的整体进步。

二、数字鸿沟产生的原因及其发展

（一）数字鸿沟产生的深层次原因

数字鸿沟作为信息时代的一个复杂社会现象，其产生并非单一因素所致，而是多种深层次原因相互交织、共同作用的结果。深入剖析这些原因，对于全面理解数字鸿沟现象，以及探寻有效的应对策略具有至关重要的意义。

1. 经济收入差异：数字鸿沟的核心根源

经济收入的差异在数字鸿沟的形成过程中扮演着核心角色。自 2001 年世界经济论坛明确指出贫富差距是导致数字鸿沟的根源后，这一观点便得到广泛认可。在信息技术领域，互联网设备和基础设施建设成本高昂，这对于许多亚非拉等发展中国家而言，是一项难以承受的经济负担。

以具体数据为例，在发展中国家，半数人口从未使用过电话；非洲整体的电话线路长度不及纽约曼哈顿岛；芬兰一国的电脑主机数量超过了整个拉美和加勒比地区的总和。在信息技术投资、电脑普及率，以及网络用户占比等关键指标上，发达国家与发展中国家之间呈现出巨大差距。这种经济不平等，直接导致不同国家在信息化进程上的显著差异，进而形成了数字鸿沟[①]。

不仅在国际层面，在我国内部，由于区域间经济发展不平衡，东部地区经济相对发达，在信息基础设施建设、互联网设备普及等方面投入较多，居民能够更便捷地接入网络、获取信息；而西部地区经济发展相对滞后，在信息接入和利用方面面临诸多困难，与东部地区形成了鲜明对比。

经济基础在信息社会中起着决定性作用，它直接影响个体的网络接入能力。经济收入高的群体能够轻松负担各类先进的互联网设备和优质的网络服务，而低收入群体则可能因经济压力而被排除在数字世界之外。同时，经济差异还影响着信息获取和理解水平，高收入群体往往有更多资源用于提

① 谢湖伟. 数字鸿沟与数字机遇［M］. 宁波：宁波出版社，2021.

升自身的信息素养，从而能够更好地利用信息，这进一步加剧了数字鸿沟的深化。

2. 教育程度不平等：数字鸿沟的重要成因

教育程度的不平等是数字鸿沟产生的另一个重要因素。教育在个体与信息技术之间搭建了一座桥梁，其程度高低直接影响个体对互联网的认知、使用和利用能力。

以农村地区为例，尽管有诸如户户通宽带等惠农政策的支持，但大量农民由于教育水平有限，在互联网使用上存在诸多障碍。部分农民因担心产生额外费用或对网络操作不熟悉，在是否安装宽带的问题上犹豫不决；还有一些农民因网速慢或网络覆盖范围有限而最终放弃使用互联网。

第 46 次《中国互联网络发展状况统计报告》指出，电脑或网络知识的缺失，以及文化水平限制是非网民不上网的主要原因之一。教育程度不仅决定了个体对网络的认知度和接触概率，更限制了他们利用网络资源进行自我提升、参与社会事务的能力。接受过良好教育的人群，能够凭借其知识储备和学习能力，快速适应网络环境，熟练运用网络工具获取知识、参与社会互动；而教育程度较低的人群，在面对复杂的网络世界时往往不知所措，难以充分发挥网络的价值，这无疑加剧了数字鸿沟的扩大①。

3. 使用能力差异：移动媒体时代数字鸿沟的新表现

随着移动媒体的兴起，数字鸿沟在使用能力层面呈现出新的特征。微博、微信等新媒体平台赋予了用户更多权利，如信息发布、观点表达，以及参与社会议题讨论。然而，个体对这些权利的利用能力却存在显著差异。

一些人具备良好的表达能力和新媒体操作技能，能够熟练运用新媒体平台表达自己的观点，积极参与社会议题的讨论，在信息传播和社会互动中占据主动地位；而另一些人则由于缺乏相应的表达能力和新媒体素养，在面对新媒体平台时显得力不从心，只能成为话题的附庸，被动接受信息，难以在

① 中国网信网. CNNIC 发布第 46 次《中国互联网络发展状况统计报告》[EB/OL].（2020-09-29）[2025-02-15]. https://www.cac.gov.cn/2020-09/29/c_1602939909285141.htm.

公共议题空间中发出自己的声音。

这种技术赋权在个体能力差异的作用下，逐渐演变成新的数字鸿沟。新媒体虽然为大众创造了一个看似平等的公共议题空间，但实际上只有少数具备相应能力的人能够充分利用这一空间掌握话语权，大多数人则因能力限制而处于相对弱势地位，进一步凸显了数字鸿沟在移动媒体时代的复杂性和多样性。

总之，数字鸿沟的产生是经济收入差异、教育程度不平等，以及移动媒体使用能力差异方面因素共同作用的结果。这些因素相互关联、相互影响，形成了一个复杂的因果网络，不断推动数字鸿沟的深化。为了有效缩小数字鸿沟，促进信息社会的公平与包容发展，我们需要从多个层面综合施策，通过提高经济发展水平、促进教育公平，以及提升公众的信息素养，逐步消除数字鸿沟产生的根源，构建一个更加公平、和谐的信息社会环境。

（二）数字鸿沟的发展

1. 从知沟迈向数字鸿沟的演变

在社会发展与信息传播技术演进的进程中，从知沟到数字鸿沟的演变是一个值得深入剖析的过程，它深刻反映了不同时代背景下社会不平等与信息差异之间的紧密联系。

20 世纪 60 年代的美国，处于社会动荡时期。约翰逊总统发起对抗贫穷的战斗，旨在消除贫穷根源与社会两极分化现象。1966 年，为改善贫困儿童教育状况，美国政府借助大众传播媒介推出《芝麻街》这一儿童教育节目。该节目融合木偶、动画、真人表演等多种趣味元素传授常识知识，虽未大力宣传却迅速成为全美儿童节目的收视热门。

然而，《芝麻街》在教育效果上呈现出不均衡的状况。富裕家庭儿童凭借更多资源与机会，更频繁接触和利用节目资源，获得了更为明显的教育提升。相比之下，贫困家庭儿童虽也受到一定积极影响，但与富裕家庭儿童的教育差距不仅未缩小，反而有所扩大。基于这一现象，1970 年蒂奇诺等在《大众

传播流动和知识差别的增长》一文中提出知沟理论。

知沟理论精准地揭示了大众媒体在知识传播过程中存在的效果差异本质。在大众媒体向社会传播信息量持续增长的情况下，社会经济地位较高的人群凭借自身优势，能够以更快速度获取并有效利用这些信息，不断丰富和提升自己；而社会经济地位较低的人群由于受到多种因素限制，在信息获取与利用方面相对滞后。随着时间推移，这种知识或信息获取上的差距并未因信息总量的增加而缩小，反而呈现出逐渐扩大的态势。这一理论的提出，为理解当时社会中不同阶层在知识获取方面的不平等现象提供了重要的理论框架。

时间推进到 1977 年 4 月，苹果公司推出第一台个人电脑——Apple Ⅱ，这一具有革命性的产品引发学者们的广泛关注。此时，研究焦点开始转向个人电脑在不同社会群体中的普及情况，以及由此产生的信息差距。数字鸿沟的概念也在此背景下应运而生，它最初主要聚焦于不同社会群体在个人电脑占有率上的差异，这种差异进一步导致了信息富人与信息穷人之间形成巨大鸿沟。

从知沟到数字鸿沟的演变，是信息传播技术飞速发展的必然结果。个人电脑的出现标志着信息传播方式发生了重大变革，从传统的大众媒体传播转向以个人电脑为核心的数字化信息传播时代。同时，这一演变也深刻揭示了社会不平等在信息时代的延续与深化。在知沟理论所描述的时代，信息获取的不平等主要体现在对大众媒体传播信息的利用能力上；而到了数字鸿沟阶段，这种不平等直接体现在信息传播工具——个人电脑的拥有与否，以及使用程度上。社会经济地位较高的群体能够更快地接受和拥有新的信息技术产品，从而在信息获取和利用上占据更有利的位置，进一步拉大了与社会经济地位较低群体之间的差距。

这种演变过程表明，随着信息传播技术的不断革新，社会不平等在信息领域以新的形式呈现出来。不同时代的信息差异现象虽然表现形式有所不同，但本质上都反映了社会结构中存在的深层次问题，即社会经济地位的差异如何影响不同群体在信息获取、利用和发展机会上的不平等。

2. 从硬鸿沟到软鸿沟的演变

数字鸿沟还经历了硬鸿沟到软鸿沟的显著演变，这一过程深刻反映了信息技术发展与社会结构变迁之间的复杂关系。

1995 年，美国国家电信和信息管理局发布的《被互联网遗忘的角落：一项有关美国城乡信息穷人的调查报告》，使数字鸿沟概念正式进入公众视野。该报告详尽呈现了美国不同阶层人群在互联网采纳与使用方面的巨大差异，引发了广泛关注。随后，《在网络中落伍》报告进一步深入剖析美国国内不同群体的互联网使用差距，强调其作为重要经济与公民权问题的属性，促使政府对这一问题予以重视[①]。

在数字鸿沟概念发展初期，人们的关注点主要集中在硬件层面。当时普遍认为，个人是否拥有电脑这一硬件条件是数字鸿沟的主要体现。在信息技术发展的特定阶段，电脑作为接入互联网的关键设备，其拥有与否直接决定了个体能否进入数字世界，成为划分信息富人与信息穷人的重要界限。这种基于硬件的数字鸿沟，反映了当时信息技术普及程度有限、社会资源分配不均的现实状况。不同阶层因经济实力、社会地位等因素，在获取电脑等硬件设备的能力上存在明显差异，进而导致在信息获取与利用方面产生巨大落差。

随着国际互联网接入速度的提升，研究焦点逐渐从单纯的电脑拥有情况，转向宽带接入与拨号上网等不同上网方式的差异。这一转变意味着数字鸿沟的研究开始关注到网络接入的质量与效率问题。宽带接入相对拨号上网具有速度快、稳定性强等优势，能够为用户提供更丰富的信息体验和更高效的信息交互。此时，不同上网方式所带来的信息获取差异，成为数字鸿沟在硬件

① 沐贤斌. 数字鸿沟的现状、成因及对策研究［D］. 合肥：安徽大学，2010.

层面的新表现形式。这不仅体现了信息技术的发展进步，也进一步揭示了不同群体在享受信息基础设施升级成果方面的不平等。

数字鸿沟概念的提出，有着深刻的社会意义与目标。其核心在于唤起学者、政府及企业对不同人群信息福利差异的重视。通过研究数字鸿沟，旨在防止部分人群因客观条件限制，无法充分享受信息扁平化带来的经济、社会等多方面的益处，避免经济贫富差距进一步恶化。同时，也是为了预防信息和通信技术在全球发展与应用过程中，加大国与国之间，以及国家内部群体之间的差距，防止信息劣势阶层的形成，以维护社会发展的平衡性。这表明数字鸿沟问题不仅关乎信息技术的普及与应用，更与社会公平、经济发展等宏观层面的问题紧密相连。

进入移动社交媒体时代，互联网的使用和准入门槛显著降低。移动设备的普及、网络覆盖范围的扩大，以及社交媒体平台的兴起，使得更多人能够便捷地接入互联网。在这一背景下，数字鸿沟的表现形式发生了质的变化，从硬件层面的差异逐渐转向软实力方面的差异。如今，数字鸿沟更多地体现在人们利用互联网获取信息、发布信息的能力上。搜索和接受能力强的人，能够在海量信息中精准定位并获取所需内容，丰富自身知识储备；而表达能力强的人，则能够在社会议题讨论中更有效地传播自己的观点，占据有利地位。这种基于网络行为、信息使用和知识获取能力的差异，构成了数字鸿沟在软层面的新形态。

从硬鸿沟到软鸿沟的演变，是信息技术发展与社会结构相互作用的结果。信息技术的快速发展不断改变着人们获取和利用信息的方式，而社会结构中的不平等因素则在新的技术环境下以不同形式延续和呈现。硬鸿沟主要反映了信息技术普及初期因硬件资源分配不均导致的信息差距，而软鸿沟则凸显了在信息技术广泛普及后，个体因自身能力差异在信息利用和社会参与方面产生的不平等。

第二节 沟通技能：构成要素与价值重构

一、沟通概述

（一）沟通的含义

沟通作为人类社会中极为关键的活动，其概念的内涵随着时间的推移不断丰富与深化，在不同层面发挥着不可替代的重要作用。

从词源角度追溯，“沟通”一词最早见于古老的汉语典籍《左传》。书中记载吴王夫差为争霸中原，修建邗城并开凿邗沟，实现江、淮两大水系的连通，这便是“沟通”最初的含义，主要指物理层面的连通与交汇。这一源头反映出沟通概念的雏形与实际的物质连接紧密相关，体现了人类早期对事物之间相互联系的一种直观认知与实践。

随着社会的发展与进步，“沟通”的含义发生了重大转变。如今，它早已超越了单纯的物理连接范畴，成为人与人之间传递信息、交流思想、分享情感的重要方式。在这一过程中，沟通搭建起一座桥梁，使得人们能够相互理解、消除误解并增进共识。通过信息的传递与交流，个体之间不仅构建起深厚的情感纽带，还不断丰富和完善自身的知识体系。这种转变反映了人类社会交往的日益复杂和深入，沟通的功能从满足物质层面的需求逐渐延伸至精神和认知领域。

在现代社会这个开放且复杂的系统中，沟通的重要性愈发凸显。对于社会组织而言，组织的管理者日常工作中的大部分内容都围绕着沟通展开。无论是与上司进行工作汇报与交流，获取指示与支持；还是与下属进行任务分配、指导与反馈，确保工作的顺利进行；抑或是与社会公众进行交流，塑造组织良好形象，这些都是沟通的具体体现。

综合来看，沟通这一概念全面涵盖了沟通的目的、方式、范围，以及结

果。沟通作为人类社会不可或缺的一部分，贯穿于个人生活、组织运营，以及社会发展的各个方面。对于个人而言，沟通是实现自身目标、增进理解、拓展人际关系的重要手段；对于组织来说，沟通是确保组织正常运转、实现组织目标、促进内部协作与外部合作的关键因素；对于整个社会而言，沟通是促进不同群体之间交流与合作、推动社会进步与发展的重要力量。深入理解沟通的概念及其重要性，有助于在不同情境下更好地运用沟通这一工具，实现个人与组织的发展，促进社会的和谐与进步。

（二）沟通的多样形态与适用场景

沟通作为人类社会活动中信息传递与理解的关键环节，呈现出丰富多样的形态。这些不同形态的沟通方式各自具备独有的特征，并适用于各种特定的情境与需求，深入剖析这些方面对于理解和运用沟通机制具有重要意义。

1. 语言与非语言沟通的交织

沟通的基本分类中，语言沟通与非语言沟通构成了两大主要分支。语言沟通以语言文字作为核心媒介，进一步细分为口头和书面两种形式。口头沟通，常见于面对面的谈心交流，以及会议讨论场景。在这类沟通中，除了语言内容本身，语调的抑扬顿挫、丰富的表情等非语言元素也扮演着重要角色。这种即时性的沟通方式能够迅速获得对方的反馈，营造出亲切自然的交流氛围，使双方能够更深入地表达和理解彼此的想法与情感。书面沟通则以文件、书信等形式为代表，其显著特点在于正式性和规范性。这种形式的沟通适合用于需要长期保存信息，以及进行正式信息交换的场合，确保信息的准确性和完整性，为后续的查阅、参考提供可靠依据。

非语言沟通则通过肢体语言、身体姿态、空间距离，以及衣着打扮的无声方式传递丰富的信息。尽管它不依赖于语言文字，但在人际交往中却有着不可忽视的作用。非语言信号往往在不经意间泄露个体的情感状态和内在态度，能够对语言沟通起到补充、强化或修正的作用。例如，一个人的肢体动作可能会透露出其自信或紧张的情绪，与口头表达的内容相互印证或形成反差，从而帮助对方更全面地理解其真实意图。

2. 正式与非正式沟通的并存

正式沟通与非正式沟通在组织和社会交往中同时存在，各自发挥着独特的功能。正式沟通严格遵循组织预先规定的渠道进行信息传递，像文件传达、正式会议等都是典型的方式。这种沟通方式的严肃性和规范性确保了信息的权威性和准确性，能够保证重要决策、政策等信息在组织内准确无误地传达，维护组织的正常运转秩序。

非正式沟通则是在正式渠道之外自然形成的信息传播方式，具有灵活性和快速性的特点。虽然它可能表现得较为随意，缺乏正式沟通的严谨性，但在某些情况下却能发挥重要作用。例如，在正式沟通渠道出现信息传递不畅或滞后时，非正式沟通能够及时填补信息空白。其中，小道消息作为非正式沟通的一种特殊形式，尽管其内容可能存在失真的风险，但因其往往涉及人们关心的热点话题或敏感信息，所以更容易引起广泛关注，反映出组织成员的一些潜在想法和情绪。

3. 下行、上行与平行沟通的互补

依据信息流动的方向，沟通可划分为下行、上行和平行三种类型，它们相互补充，共同促进组织内部和不同群体之间的有效沟通。下行沟通主要体现为上级向下级传达命令、指示等信息，这种沟通方式确保了组织决策和工作要求能够准确传达至基层，保证组织的执行力和工作的有序开展。通过明确的指令和要求，下级能够清楚了解工作目标和任务，从而高效地完成各项工作。

上行沟通则是指员工向上级汇报工作进展、提出建议等信息传递过程。这一沟通方式为组织提供了宝贵的反馈渠道，上级可以借此了解基层工作的实际情况，发现工作中存在的问题和潜在的改进空间，从而对决策进行调整和优化，促进组织的持续发展。

平行沟通发生在同级之间，如部门与部门、同事与同事之间。它对于促进同级之间的相互了解与合作至关重要。通过平行沟通，不同部门或人员能

够及时共享信息、协调工作，避免因信息不畅或误解产生的矛盾与冲突，提高工作效率和协同效果，保障组织整体工作的顺利推进。

4. 单向与双向沟通的权衡

根据发信者与接信者地位的变换情况，沟通还可分为单向沟通和双向沟通。单向沟通以演讲、报告等形式为典型，其优势在于信息传递速度快，能够在短时间内向大量受众传递信息。然而，这种沟通方式缺乏接收者的反馈环节，发信者难以了解接收者对信息的理解程度和态度，可能导致信息传递效果不佳。

双向沟通则如座谈会、协商等场景，强调发信者与接信者之间的互动交流。虽然双向沟通的速度相对较慢，但其最大的优点在于能够确保信息的准确传递与理解。在这种沟通方式下，双方可以及时提出疑问、进行解释和讨论，从而减少误解的发生，达成更深入的共识。在现实沟通情境中，纯粹的单向沟通较为少见，即使在看似单向的沟通活动中，接收者也会通过各种方式（如表情、肢体动作）做出反馈。因此，在实际选择沟通方式时，需要综合考虑具体情况，权衡信息传递速度和准确性之间的关系，以达到最佳的沟通效果。

总而言之，沟通的多样形态各自具有独特的优势和局限性，适用于不同的情境与需求。在实际工作和生活中，充分认识并灵活运用各种沟通方式，能够实现信息的有效传递与理解，促进人际关系的和谐发展，提高组织的运作效率，进而推动各项活动的顺利开展。

（三）沟通过程的基本要素

在人类社会活动中，沟通作为信息传递与理解的核心环节，其过程涉及多个基本要素。这些要素相互关联、相互影响，共同构成了一个复杂而精细的交互系统。深入研究这些要素，对于理解沟通的本质、提高沟通效果具有重要意义。

1. 沟通意图：驱动沟通行为的内在动力

沟通意图是沟通行为的起点，它贯穿于整个沟通过程。人们进行沟通的目的多种多样，既可能是为了传递具体的知识、事实等信息，也可能试图影响他人的观点、态度，促使其做出特定的行为。例如，教师授课是为了向学生传递知识信息；而市场营销人员进行产品推广，则是希望影响消费者的购买决策。此外，建立和维护人际关系、寻求情感慰藉或单纯为了娱乐消遣，同样是常见的沟通意图。这些意图或清晰明确，或隐晦含蓄，但无论何种情况，都在潜移默化地引导着沟通者的行为方式和选择。

2. 发送者与接收者：沟通主体的动态转换

发送者和接收者是沟通行为的主体。发送者作为信息的发起者，承担着明确沟通目标、精心组织信息内容，以及选择合适传递方式的重要责任。他们需要根据沟通对象、场景和目的，对信息进行筛选、整理和加工，以确保信息能够准确传达自己的意图。接收者则是信息的接收方，通过各种感官渠道接收信息，并依据自身的知识储备、经验背景、价值观等因素对信息进行解读和理解，进而做出相应的反应。在双向沟通中，发送者和接收者的角色并非固定不变，而是随着沟通的推进不断转换。这种角色的动态变化要求双方都具备良好的沟通能力和适应性，能够在不同角色中灵活切换，以实现有效的信息交互。

3. 信息：沟通的核心内容与多元载体

信息是沟通的核心所在，它涵盖了丰富的内涵。为了实现信息的有效传递和理解，发送者需要将思想、意图、情感等转化为双方都能识别和理解的符号形式，这一过程即为编码。这些符号可以是语言文字、肢体动作、面部表情、图形图像等多种形式。语言文字作为最常用的符号系统，能够精确地表达复杂的概念和信息；而肢体动作和面部表情等非语言符号，则常常在不经意间传递出丰富的情感和态度信息。接收者在接收到这些符号后，通过译码过程将其还原为原始信息，从而完成信息的理解。信息的复杂性和多元性要求沟通双方在编码和译码过程中尽可能保持一致，避免因符号理解的差异

导致信息偏差。

4. 渠道：信息传递的路径与方式选择

渠道是信息从发送者传递到接收者的桥梁，其选择直接关系到沟通的效果。传统的沟通渠道包括面对面交流、书信、电话等，每种渠道都有其独特的特点和适用场景。面对面交流能够实时捕捉对方的表情、语气等非语言信息，增强沟通的互动性和情感交流；书信则具有正式、规范、可长期保存的优点，适用于传递重要、复杂的信息。随着科技的飞速发展，新媒体渠道如移动手机客户端、社交媒体平台等逐渐成为人们沟通的重要工具。这些新型渠道不仅打破了时间和空间的限制，实现了信息的即时传递，还能够以多种形式如视频、音频、图文等呈现信息，极大地丰富了沟通的内容和形式。然而，不同渠道在信息传递的准确性、完整性和及时性方面存在差异，沟通者需要根据具体情况选择合适的渠道，以确保信息能够准确无误地到达接收者。

5. 反馈：沟通效果的检验与调整依据

反馈是接收者对发送者所传递信息的回应，它在沟通过程中起着至关重要的作用。通过反馈，发送者能够了解接收者对信息的理解程度、接受态度，以及是否有进一步的需求。反馈可以是直接的，如明确表达同意、反对或提出疑问；也可以是间接的，如通过行为、表情等暗示自己的态度。正反馈表明接收者准确理解了信息并给予积极回应，而负反馈则提示发送者信息传递可能存在问题，需要对信息内容、表达方式或沟通渠道进行调整。及时、有效的反馈能够形成一个闭环的沟通回路，使沟通双方不断优化沟通方式，提高沟通效果。

沟通过程中的这些基本要素相互作用、相互影响，共同构成了一个有机的整体。只有充分认识和理解每个要素的特点和作用，并在实际沟通中灵活运用相关策略，才能实现信息的有效传递和理解，达成良好的沟通效果。

二、大学生沟通技能的构成

大学生沟通技能是一个多维度的能力体系，由多种关键要素共同构成，这些要素对于大学生在校园生活，以及未来职业生涯和社会交往中都起着至关重要的作用。

（一）语言表达能力

1. 清晰准确的口头表达

能够有条理地组织语言，清晰阐述自己的观点、想法和信息。避免模糊不清、逻辑混乱的表述，确保听众能够轻松理解所传达的内容。例如在课堂发言、小组讨论、演讲比赛等场景中，准确传达自己对课程内容的见解，或者在社团活动中清晰地向成员介绍活动计划。

2. 书面表达能力

掌握规范的写作格式和语言风格，能够撰写结构合理、内容充实、语句通顺的各类文书，如学术论文、报告、策划书。书面表达在学术研究、完成作业，以及未来的职场工作中都极为关键，例如撰写实验报告时，需要准确记录实验过程、结果和分析。

3. 语言的灵活性

根据不同的沟通对象、场合和目的，灵活调整语言风格和用词。面对老师时使用正式、尊敬的语言；与同学交流则可以更加轻松、随意；在商务或专业场合，运用恰当的专业术语和规范语言。

（二）倾听理解能力

1. 专注倾听

在与他人交流时，给予对方充分的关注，集中注意力，不随意打断对方说话。通过眼神交流、点头等方式表示自己在认真倾听，让对方感受到尊重。

2. 理解对方意图

不仅要听到对方所说的话语，更要理解其背后的含义、情感和潜在需求。能够从对方的语气、表情和肢体语言中捕捉到额外的信息，准确把握对方的真实想法。例如在与同学讨论问题时，理解对方提出的不同观点和意见背后

的思考逻辑。

3. 反馈与确认

适时地向对方反馈自己的理解情况，通过简短的回应、复述或提问，确认自己是否正确理解了对方的意思，避免误解。如“你刚才说的意思是……，对吗？”

（三）非语言沟通能力

1. 肢体语言运用

掌握正确的肢体语言，通过姿势、手势、面部表情等辅助语言表达，增强沟通效果。保持良好的姿势，展现自信和专注；运用恰当的手势强调重点内容；通过微笑、眼神等表情传递友好、真诚的态度。例如在演讲时，用开放的手势吸引听众注意力，用眼神与不同区域的观众进行互动。

2. 空间距离把握

了解不同文化和情境下合适的空间距离，与对方保持恰当的身体距离。太近可能会让人感到侵犯，太远则可能显得冷漠。在与同学交流时，根据亲疏关系和场合，选择合适的距离进行交谈。

3. 声音特质控制

注意语音、语调、语速和音量的运用。适中的音量、平稳的语速、富有变化的语调能够使表达更具吸引力和感染力，同时传达出自信和专业。在不同场合，如课堂发言、私下交流、公众演讲时，合理调整声音特质。

（四）情绪管理与表达能力

1. 情绪识别

能够敏锐地察觉自己和他人的情绪变化，了解不同情绪背后的原因。通过观察对方的表情、语气和行为，准确判断其情绪状态，为后续的沟通方式选择提供依据。

2. 情绪调节

在沟通中遇到负面情绪时，能够有效地控制自己的情绪，避免情绪化的反应影响沟通效果。学会用理性的方式处理情绪，保持冷静和理智。例如在与他人发生分歧时，不被愤怒冲昏头脑，而是以平和的心态继续交流。

3. 情绪恰当表达

以合适的方式表达自己的情绪，让对方能够理解自己的感受。真诚地分享自己的情感，有助于建立更深入的人际关系。例如，在感谢他人时，用真诚的语气和表情表达内心的感激之情。

（五）人际交往与沟通策略能力

1. 建立关系能力

主动与不同背景的人建立联系，拓展人际关系网络。掌握一些社交技巧，如主动打招呼、寻找共同话题等，能够迅速拉近与他人的距离。在参加社团活动、学术交流等场合，积极结识新朋友。

2. 冲突解决能力

在沟通中难免会出现冲突和分歧，具备妥善处理冲突的能力至关重要。能够以建设性的方式解决问题，寻找双方都能接受的解决方案，维护良好的人际关系。例如通过倾听对方观点、表达自己需求、协商等步骤解决矛盾。

3. 文化敏感性

随着社会的多元化，大学生会接触到来自不同文化背景的人。具备文化敏感性，尊重不同文化的差异，避免因文化误解导致沟通障碍。了解不同文化的价值观、沟通方式和礼仪习惯，以开放包容的心态进行交流。

（六）媒介沟通能力

1. 传统媒介运用

熟练掌握书信、电话等传统沟通媒介的使用方法，能够根据不同情况选择合适的媒介进行沟通。例如在正式场合，通过书信表达重要信息；在紧急

情况下，及时使用电话沟通。

2. 新媒体沟通能力

适应数字化时代的发展，精通各类新媒体平台的使用，如社交媒体、电子邮件、即时通信工具等。能够在新媒体环境下，准确、规范地进行信息传递和交流，同时注意网络礼仪和信息安全。例如在使用电子邮件发送作业或工作汇报时，遵循正式的格式和规范。

三、大学生掌握沟通技能的重要性

在个体的成长与发展进程中，独处与交流皆为重要的生活面向。独处提供了自我反思的契机，然而过度沉溺其中可能导致个体与外界产生疏离。在此背景下，沟通作为一种关键的社交行为，对于大学生而言具有特殊且不可忽视的重要意义。

（一）助力大学生适应校园多元环境

大学是一个高度多元化的场所，汇聚了来自不同地域、文化和背景的个体。在这样的环境中，良好的沟通成为大学生适应新生活的核心要素。秉持以人为本的理念，大学生在人际互动中追求自由、和谐与平等的交流氛围。在学术领域，同学之间通过沟通可以就专业知识进行深入探讨，实现知识的互补与共享，有助于解决学习过程中遇到的疑惑，促进新知识的吸收和新技能的掌握。在生活层面，沟通使大学生能够分享日常点滴，增进彼此了解，丰富校园生活体验，从而更好地融入大学生活。

（二）促进大学生综合素质全面提升

沟通本质上是一个思想碰撞与交流的过程。大学生在与他人互动时，不断接触到各种不同的观点和思维方式。这种思想的交融不仅能够拓宽他们的认知边界，促使其从多个角度审视问题，还能在实践中锻炼多种关键能力。例如，为了清晰地表达自己的观点，大学生需要提升语言组织和表达能力；

为了理解他人的意图，他们的理解能力得以强化；而频繁的人际交往则有助于塑造良好的人际交往能力。因此，沟通在大学生的成长过程中扮演着催化剂的角色，推动他们综合素质的全面发展。

（三）为大学生未来职业发展奠定基础

在职场环境中，沟通能力是决定个人职业发展高度的关键因素之一。对于大学生而言，未来无论从事何种职业，有效的沟通都是工作顺利开展的必要条件。在项目执行过程中，团队成员之间需要通过清晰、准确的沟通来协调工作，确保各项任务有序推进；任务完成后，及时、全面的总结汇报也离不开良好的沟通技巧。具备出色沟通能力的大学生，能够以恰当的措辞和适宜的语调与同事、上级进行交流，从而赢得他人的信任与支持，在竞争激烈的职场中脱颖而出，获得更多晋升机会。

（四）帮助大学生拓展信息与构建人际关系网络

沟通是大学生获取外界信息的重要渠道。通过与不同的人交流，他们可以了解到校园内外的各种动态，包括学术前沿、社会热点，以及行业发展趋势等，从而拓宽视野，增长见识。同时，沟通也是建立和维护人际关系的核心手段。在交流过程中，大学生能够与他人建立起相互理解、相互支持的关系，这种人际关系网络不仅在当下丰富了他们的生活，还可能在未来的学习、工作和生活中提供宝贵的资源和帮助。

（五）有效化解矛盾，深化情感联系

在大学生活中，由于个体差异和信息不对称等原因，误解和矛盾不可避免。及时、有效的沟通是解决这些问题的最佳途径。通过坦诚的对话，双方能够澄清事实、消除疑虑、增进彼此的信任，进而修复和深化关系。这种积极的沟通方式有助于营造和谐的校园氛围，为大学生的学习和生活创造良好的人际环境。

（六）满足大学生心理需求，推动个人成长

从心理学角度出发，依据亚伯拉罕·马斯洛的需求层次理论，当生理和安全需求得到满足后，社交需求成为人类的基本心理需求之一，详见图 1-1。对于大学生来说，沟通是满足这一需求的重要方式。通过与他人建立联系、分享情感，他们能够感受到归属感和认同感，从而进一步追求更高层次的自尊需求和自我实现需求。良好的沟通不仅能够满足当下的心理需求，还为大学生实现个人成长和自我价值提供了动力和支持。

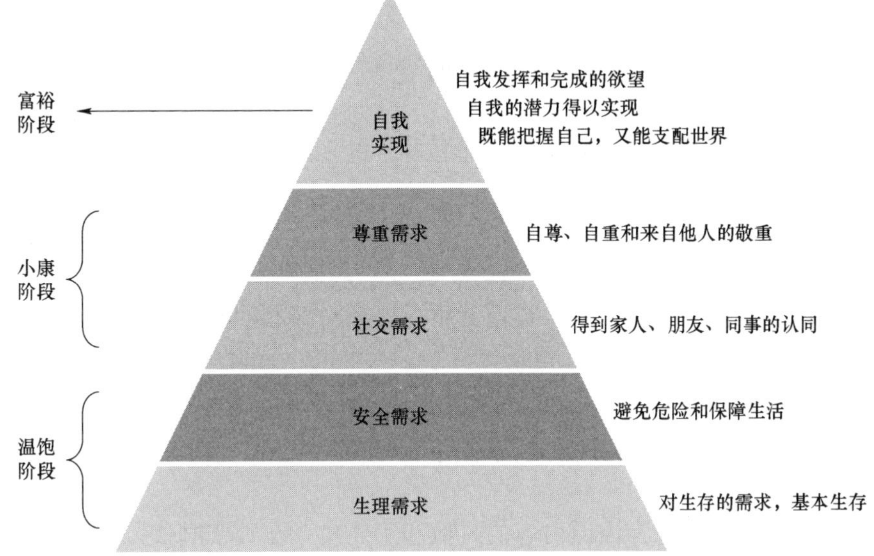

图 1-1　马斯洛需求层次示意图①

总体而言，沟通技能对于大学生的成长和发展具有多维度的重要意义。无论是在适应大学生活、提升综合素质、规划职业发展，还是在满足心理需求等方面，沟通都发挥着不可替代的作用。因此，大学生应充分认识到沟通的重要性，积极主动地提升自身的沟通能力，以更好地应对未来的各种挑战。

① 而艳．大学生沟通艺术［M］．成都：西南交通大学出版社，2018.

第三节　数字时代：场景重构与能力重塑

数字时代以前所未有的态势重塑了人们的沟通模式。随着数字技术全方位渗透到社会生活的各个角落，沟通技能也经历着深刻的变革，面临诸多全新的挑战。深入剖析这些变革与挑战，对于理解当代沟通行为及有效提升沟通能力具有重要意义。

一、数字时代下大学生沟通技能面临的挑战审视

（一）信息过载引发的焦虑与无助

信息过载是数字时代的显著特征之一。过多的信息不断涌入，使得大学生在处理信息时面临巨大压力。他们需要在有限的时间内对大量信息进行筛选、分析和处理，这往往导致他们感到焦虑和无助。长期处于这种状态下，可能会影响他们的学习效率、心理健康，以及对信息的准确判断能力，进而阻碍有效的沟通。

（二）沟通碎片化导致的效率低下

沟通碎片化表现为沟通内容的零散和不连贯。在数字时代，人们的沟通往往被各种即时消息、简短的信息片段打断，难以进行深入、系统的交流。这种碎片化的沟通方式使得信息传达不完整，容易造成误解，降低沟通效率。例如，在社交媒体上的简短评论、即时通信工具中的简短对话等，都难以全面、深入地表达复杂的观点和思想。

（三）情感表达淡化对沟通效果的影响

尽管数字沟通方式提供了丰富的表情符号等辅助情感表达的手段，但与面对面交流相比，情感表达仍然相对淡化。缺乏真实的眼神交流、肢体语言

和语音语调的变化，使得情感传递不够细腻和充分。这可能削弱人与人之间的情感联系，导致沟通缺乏温度，影响沟通效果。长期依赖数字沟通方式，可能会使人们在现实生活中的情感沟通能力逐渐退化。

二、数字时代对大学生沟通技能的新挑战与要求

大学生作为数字时代的主力军，他们的沟通生态与方式经历了前所未有的变革。数字时代以其独特的技术特质和文化氛围，为沟通赋予了全新的维度与内涵，进而对大学生的沟通技能提出了一系列既具时代性又具挑战性的新要求。

（一）多元数字沟通渠道的运用能力

数字浪潮的涌起催生了丰富多样的沟通渠道，即时通信软件、社交媒体平台、视频会议工具，以及在线协作平台等如繁星般涌现。这些平台各自具备独特的功能架构与使用逻辑，以满足不同场景下的沟通需求。

在学术与实践领域，团队协作项目日益依赖在线文档协作工具与视频会议软件。例如，在进行跨学科研究项目时，团队成员可能分布在不同地区甚至不同国家，通过诸如 Google Docs 或腾讯文档等在线文档协作工具，成员们能够实时共同编辑文档、添加评论和修订记录，实现知识的同步汇聚与思想的即时碰撞。而视频会议软件，如 Zoom 或腾讯会议，则为成员们提供了面对面交流的虚拟空间，使他们能够进行眼神交流、肢体语言互动，如同置身于同一物理会议室，极大地提升了沟通效率与协作效果。

在日常生活场景中，即时通信软件成为大学生与远方亲友保持联系、分享生活点滴的首选。微信、QQ 等软件不仅支持文字交流，还集成了语音通话、图片分享、短视频发送等功能，让沟通更加生动、便捷。然而，不同平台所承载的社交文化与语言风格差异显著。社交媒体平台如微博、抖音，语言风格更加活泼、随意，注重话题性与传播性；而在正式的商务沟通或学术交流平台上，语言则需遵循严谨、规范的原则。大学生需要敏锐感知这些差

异，根据平台属性和沟通对象的特点，灵活调整表达方式，在正式与非正式、专业与通俗之间实现自如切换，以确保信息能够在不同语境下准确、得体地传递。

（二）跨文化数字沟通能力

互联网的无边界特性打破了传统地理界限，使全球范围内的文化交流变得常态化。在数字空间里，大学生频繁与来自不同文化背景的人相遇，文化差异在沟通中呈现出多样化的表现形式。

语言作为文化的直接载体，不同文化背景下的语言习惯存在巨大差异。例如，英语文化中，人们在商务邮件沟通时通常开门见山，直接阐述主题和目的；而在日语文化中，沟通往往更加委婉含蓄，会使用大量的敬语和铺垫性语言来表达相同的内容。这种语言习惯的差异如果不被理解，可能导致信息传递的偏差。

价值观作为文化的核心，也深刻影响着沟通风格。西方文化强调个人主义，在沟通中注重自我表达和个人观点的阐述；而东方文化倾向于集体主义，沟通时更注重和谐、尊重他人意见，避免直接冲突。在参与国际线上讨论或合作项目时，大学生若未能意识到这些价值观差异，可能会在表达观点或回应他人时引发误解。

因此，大学生需要培养跨文化沟通意识，通过学习不同文化的历史、社会和风俗习惯，深入了解这些文化差异在数字沟通中的具体体现。在与国际友人交流时，尊重并适应对方的文化习惯，以开放包容的心态理解不同观点，运用恰当的沟通策略来跨越文化鸿沟，实现有效的跨文化数字沟通，从而建立起跨越国界的良好人际关系与合作网络。

（三）数字信息处理与表达能力

数字时代是一个信息爆炸的时代，大学生每天被海量的文本、图片、音频和视频信息所包围。面对如此繁杂的信息洪流，具备高效的信息处理能力

成为有效沟通的关键前提。

在这样的时代背景下，大学生需要掌握信息筛选、信息分析与整合能力，另外还要能够熟练掌握数字工具，将复杂信息准确无误地传递给受众。

（四）虚拟情境沟通的情感感知与表达能力

尽管数字沟通打破了时空限制，为人们提供了便捷的交流方式，但虚拟情境下的沟通与面对面交流相比，缺乏了丰富的非语言线索，如面部表情、眼神交流和肢体动作等，这使得情感的传递与感知变得更加困难。

在虚拟沟通中，文字是最基本的情感表达载体。大学生需要学会通过精心选择词汇、运用标点符号和语气词等方式，赋予文字以情感色彩。例如，在表达喜悦时，可以使用欢快的词汇和较多的感叹号；在表达关切时，使用温和、体贴的语言。表情符号作为数字时代的独特语言，也在情感表达中发挥着重要作用。恰当运用表情符号能够增强文字的情感表现力，使对方更直观地感受到自己的情绪状态。

语音语调同样是传递情感的重要元素。在语音通话或视频会议中，大学生要注意控制自己的语调、语速和音量，通过声音的抑扬顿挫来表达不同的情感。例如，在表达兴奋时，语调可以适当提高；在表达安慰时，语调则要温和舒缓。

此外，在虚拟情境中，肢体语言和面部表情的运用也不容忽视。虽然对方可能无法完全看到自己的全身动作，但一些细微的肢体语言和面部表情变化仍然能够通过摄像头传递给对方。在视频会议中，保持良好的坐姿、微笑、眼神专注等，都能够展现出自己的专注和亲和力，增强与对方的情感连接。

（五）数字沟通中的批判性思维与逻辑能力

网络空间的开放性和信息发布的便捷性导致信息质量参差不齐，虚假信息、片面观点和情绪化言论充斥其中。在这样的环境下，大学生在数字沟通中必须具备批判性思维，以理性的态度对待各种信息。

批判性思维要求大学生不盲目接受和传播信息，而是对信息的来源、真实性、可靠性进行深入思考和评估。在面对网络上的热点话题和观点时，能够运用逻辑分析能力，从多个角度审视问题，辨别信息的真伪和观点的合理性。

总之，数字时代为大学生的沟通带来了前所未有的机遇与挑战。大学生只有全面提升上述沟通技能，才能在这个数字化的世界中自如应对各种沟通场景，实现信息的有效传递、情感的深度交流，以及良好人际关系的构建。这不仅对于他们当前的学习和生活至关重要，更为其未来的职业发展和社会融入奠定了坚实的基础。

第二章　数字鸿沟对青年大学生沟通技能影响的跨学科阐释

在数字时代，信息技术深刻改变了人们的沟通方式与交流模式。然而，数字鸿沟现象的存在使得不同大学生群体在接触、使用数字技术进行沟通方面存在差异，这种差异进而对他们沟通技能的发展产生影响。深入剖析数字鸿沟影响大学生沟通技能的内在机制，有助于更全面地理解大学生沟通技能发展的制约因素，为制定针对性策略提供理论依据。

第一节　信息传播学视域：数字鸿沟的传播机理探析与优化路径

一、信息传播概述

（一）信息传播理论基础

信息传播理论是研究信息如何从传播者传递到受传者，以及在这个过程中所涉及的各种因素、规律和效果的一系列学说。它融合了多个学科领域的知识，旨在揭示信息传播的本质和机制，帮助人们更好地理解、控制和优化传播过程。以下从不同角度为你介绍信息传播理论。

1. 早期奠基理论

（1）拉斯韦尔的 5W 模式

美国政治学家哈罗德·拉斯韦尔在 1948 年提出了著名的“5W”模式，即“谁（Who）、说什么（Says What）、通过什么渠道（In Which Channel）、对谁说（To Whom）、取得什么效果（With What Effect）”①（见图 2-1）。这一模式首次清晰地勾勒出传播过程的基本框架，明确了传播研究的五个主要领域，即控制研究、内容分析、媒介研究、受众研究和效果研究，为后续的传播理论发展奠定了基础。例如，在一场广告宣传活动中，“谁”就是广告主，“说什么”是广告内容，“通过什么渠道”可能是电视、网络等媒体，“对谁说”指的是目标受众，“取得什么效果”则是看广告是否提升了产品知名度或促进了销售。

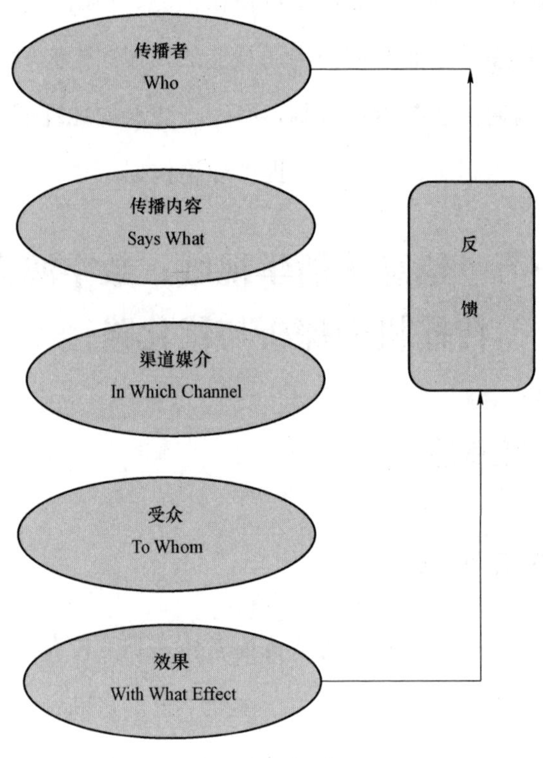

图 2-1　拉斯韦尔的“5W”模式

① 高海波. 拉斯韦尔 SW 模式探源［J］. 国际新闻界，2008（10）：37-40.

（2）香农－韦弗模式

香农－韦弗模式由信息工程师克劳德·香农和韦弗共同提出，该模式原本用于解释电子通信过程，后被引入到信息传播研究领域。它包括信源、编码器、信道、译码器、信宿及噪声六个部分。这个模式强调了传播过程中的技术因素和噪声干扰，让人们认识到信息在传播过程中可能会受到各种因素的影响而出现失真。比如在电话通信中，信号不好产生的杂音就是“噪声”，可能会干扰信息的准确传递[①]。

2. 传播过程与关系理论

（1）奥斯古德－施拉姆的循环模式

奥斯古德－施拉姆的循环模式打破了传统的线性传播模式，强调传播是一个双向的、循环往复的过程。传播者和受传者在传播过程中都兼具编码、译码和释码的功能，双方不断相互影响。例如在面对面的交流中，一方说话（编码），另一方倾听并理解（译码），然后回应（编码），如此循环。

（2）纽科姆的 ABX 模式

该理论关注传播者（A）、受传者（B）和传播内容（X）之间的关系。当 A、B 对 X 的看法不一致时，就会产生一种紧张关系，促使他们通过传播来寻求一致，以恢复平衡状态。例如，在一个团队中，成员 A 和成员 B 对于项目方案 X 有不同意见，为了推进项目，他们会进行沟通交流，试图达成共识。

3. 受众研究理论

（1）使用与满足理论

该理论从受众的角度出发，认为受众是主动的，他们根据自己的需求和动机来选择和使用媒介，以满足自身的某种需求。例如，有的人通过观看新闻节目满足获取信息的需求，有的人通过刷短视频满足娱乐放松的需求。

---

① 沈正赋. 信息耗散模式与新闻真实性：兼论香农－韦弗“噪声”说和马莱兹克系统模式［J］. 安徽师范大学学报（人文社会科学版），2012，40（2）：201-207.

（2）分众理论

分众理论认为，受众在人口统计学特征、心理特征等方面存在差异，不同的受众群体对媒介内容有不同的需求和偏好。因此，媒体需要针对不同的受众群体进行精准定位和内容生产。例如，针对青少年群体推出动漫、青春文学等内容，针对老年人群体提供养生、戏曲等节目。

4. 传播效果理论

（1）议程设置理论

由麦库姆斯和肖提出，该理论认为大众传播具有一种为公众设置“议事日程”的功能，传媒的新闻报道和信息传达活动以赋予各种“议题”不同程度的显著性的方式，影响着人们对周围世界的“大事”及其重要性的判断。例如，媒体大量报道某一社会热点事件，会使公众更加关注该事件，认为它是重要的社会问题。

（2）沉默的螺旋理论

德国传播学家伊丽莎白·诺尔－诺依曼提出，该理论认为在舆论形成过程中，人们为了避免因持有某种与多数人不同的意见而遭受孤立，会在表达自己的观点前观察周围的意见环境。当发现自己的意见属于“少数”或“劣势”意见时，可能会选择保持沉默，从而使优势意见更加大声地表达，形成一种螺旋式的传播过程。例如，在课堂讨论中，如果大部分同学都支持某个观点，少数有不同意见的同学可能因为害怕被孤立而不敢发言。

（二）信息传播时代大学生沟通技能的发展与挑战

在当代社会，信息传播与大学生沟通技能的发展紧密相连，其影响广泛且深入，涵盖多个层面。理解这种影响对于把握大学生沟通能力的培养方向和提升策略具有重要意义。

1. 信息传播在大学生社交网络中的核心作用与沟通技能提升

大学生的社交网络以信息传播为基石构建起复杂且活跃的沟通生态。在这个生态中，社交网络平台成为信息交互的主要阵地。大学生通过它发布个

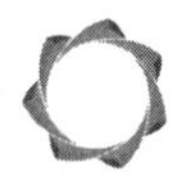

人见解，这一过程要求他们将内心想法组织成清晰、有条理的语言或文字表述，从而锻炼了语言表达能力。在阐述观点时，需要考虑受众的理解程度，这促使他们调整表达方式，进一步优化语言组织和逻辑思维。

接收活动通知、分享生活点滴等行为同样意义重大。分享生活点滴使大学生学会从不同角度描述事件，增强表达的生动性和感染力。同时，在接收他人分享的信息时，他们需要理解其中含义，分析背后的情感和意图，这一过程提升了对信息的解读能力。

通过这些信息传递活动，大学生能获取宝贵的资源和反馈。资源可能包括知识、经验、人脉等，有助于拓宽视野，丰富沟通素材。反馈则让他们了解自己的沟通效果，进而针对性地改进沟通方式。这种基于信息传播的沟通模式，从表达、理解、资源获取与反馈等多维度全方位提升了大学生的沟通技能。

2. 信息传播技术发展对大学生沟通渠道与技能的拓展

信息传播技术的迅猛发展为大学生沟通带来了前所未有的变革，极大地丰富了沟通渠道和方式。手机媒体的普及是这一变革的显著标志，它打破了时间和空间的限制，使大学生能够随时与不同地域的亲朋好友保持联系。这种即时性和便捷性不仅巩固了原有的社交关系，还为拓展新社交圈子创造了条件。

在新的社交环境中，大学生需要适应不同的沟通节奏和方式。例如，在微信、微博、抖音、小红书等新媒体社交平台上，能够接触不同信息和观点并踊跃参加话题讨论。在参与话题讨论和内容创作过程中，大学生学会运用图片、文字、视频等多种形式表达观点，丰富了沟通手段，进一步提升了沟通技巧。

3. 信息传播给大学生沟通技能带来的挑战

尽管信息传播为大学生沟通技能发展带来诸多机遇，但也不可避免地带来了一系列挑战。

过度依赖手机网络等数字媒介进行沟通，对大学生现实人际交往技能产生了负面影响。在数字媒介沟通中，非语言沟通方式，如肢体语言、面部表情等往往难以完整传达。而这些非语言信号在现实人际交往中起着重要作用，它们能够辅助语言表达，增强沟通的感染力和情感传递效果。长期缺乏对这些非语言沟通方式的运用和锻炼，可能导致大学生在现实面对面交流时出现沟通障碍，如肢体动作不自然、表情僵硬等，影响沟通效果。

总之，信息传播对大学生沟通技能的影响具有两面性。为促进大学生沟通技能的健康发展，需要引导他们合理利用信息传播技术。一方面，鼓励大学生充分发挥信息传播技术的便捷性和多样性优势，通过各种渠道获取知识、拓宽视野、锻炼沟通能力；另一方面，要教育他们警惕可能带来的负面影响，如合理控制数字媒介使用时间，注重现实人际交往能力的培养。

二、数字鸿沟对信息传播的影响

在信息技术以惊人速度发展并全面渗透社会生活各个角落的时代背景下，数字鸿沟作为一个不可忽视的现象逐渐凸显。它本质上反映了不同社会群体、地区及国家之间，在信息技术获取、运用能力，以及由此衍生的各种便利与发展机遇享有程度上的显著差距。这种差距不仅体现在基础的网络接入条件和数字设备拥有量上，更深入地体现在数字技能的掌握水平、信息获取的效率与质量，以及利用数字资源推动个人全面发展和社会整体进步的能力等多个层面。

（一）信息传播范围的受限

数字鸿沟的存在，为信息传播的广度设置了重重障碍。在信息技术高度发达、资源丰富的地区或群体中，信息传播呈现出快速且广泛的态势。凭借先进的网络基础设施、充裕的数字设备，以及较高的数字素养，人们能够轻松接入各类信息平台，获取来自世界各地、各个领域的海量信息。信息在这样的环境中，如同水流般顺畅地在不同个体、群体之间流动，迅速覆盖广泛的范围，为人们的生活、学习、工作等各方面提供丰富的信息支持。

然而，在信息技术发展滞后、资源匮乏的地区或群体中，情况则截然不同。由于网络接入困难、数字设备短缺，以及数字技能不足等因素，这些地区或群体如同被隔离在信息传播的边缘地带。信息传播的触角难以深入其中，导致他们所能接触到的信息极为有限。这种信息传播范围的巨大差异，使得不同地区、群体在信息获取上形成了鲜明的落差，进而影响到他们对世界的认知、个人发展机会，以及参与社会事务的程度。

（二）信息传播速度的分化

数字鸿沟对信息传播速度产生了明显的分化作用。在信息技术资源丰富的群体中，高速稳定的网络连接、先进的信息处理设备，以及熟练的数字操作技能，共同构成了信息快速传播的有利条件。信息在这里能够以近乎实时的速度被获取、处理和分享。无论是突发的新闻事件、最新的科研成果，还是行业内的前沿动态，都能在瞬间传递到群体中的各个角落，形成高效的信息流通循环。

与之形成鲜明对比的是，在信息技术资源匮乏的群体中，信息传播速度严重滞后。老旧的设备、不稳定的网络，以及有限的数字技能，使得信息的获取、传输和处理过程充满阻碍。新信息的到来往往需要经过漫长的等待，在传播过程中还可能因为技术限制而出现延误、中断等情况。这种速度上的巨大差异，使得信息在不同群体间的流动出现了严重的不平衡。信息匮乏群体不仅难以及时跟上时代的步伐，获取最新的知识和信息，而且在面对需要快速响应的情况时，往往因信息滞后而处于被动地位，进一步加剧了他们在社会竞争中的劣势。

（三）信息传播内容的失衡

数字鸿沟导致了信息传播内容在不同群体间呈现出严重的失衡状态。在信息充裕的群体中，多样化的信息获取渠道和丰富的数字资源，使得他们能够接触到涵盖各个领域、各种层次的信息内容。从深度的学术研究报告、前沿的科技创新成果，到丰富多样的文化艺术作品、多元的社会热点讨论，信息传播的内容丰富且全面，能够满足不同个体在知识学习、兴趣培养、社交互动等多方面的需求。

而信息匮乏的群体则面临着信息内容的极度单一。由于受到技术条件、资源获取能力的限制，他们的信息来源往往局限于少数几个渠道，且多为基础的、普及性的生活信息。在学术、科技、文化等领域的信息获取上，他们存在着明显的不足。这种内容上的失衡，使得信息充裕群体能够不断拓宽自己的知识视野、提升综合素质，而信息匮乏群体则在知识储备、思维拓展等方面逐渐落后。长此以往，不同群体之间的知识差距、认知差距不断扩大，进一步加剧了社会发展的不平衡。

（四）信息传播效果的差异

数字鸿沟对信息传播效果产生了显著的差异化影响。在信息充裕的群体中，由于信息传播的高效性、内容的丰富性，以及群体自身较高的数字素养和信息处理能力，人们能够更好地理解、吸收和利用所接收到的信息。他们能够运用批判性思维对信息进行分析、筛选，将有价值的信息融入自己的知识体系，进而在决策制定、问题解决等方面做出更加科学、合理的选择。信息在这里能够有效地转化为个人发展的动力和资源，促进个人的成长与进步。

相反，在信息匮乏的群体中，由于信息传播的局限性，人们获取到的信息不仅数量有限，而且质量参差不齐。同时，较低的数字素养和信息处理能力，使得他们在面对复杂的信息时，往往难以准确理解其含义，更难以从中提取有价值的内容。这导致他们在做出决策时，缺乏充分的信息支持，容易出现决策失误或效率低下的情况。信息传播效果的这种差异，使得不同群体在社会发展进程中的差距逐渐拉大，进一步强化了社会不平等的格局。

（五）对社会不平等的催化

数字鸿沟的存在，犹如一个无形的加速器，进一步加剧了社会不平等现象。在现代社会，信息已成为推动经济发展、提升教育质量、拓展就业机会的关键资源。信息充裕者凭借其在信息获取、传播和利用方面的优势，能够更迅速地把握经济发展的新趋势，获取优质的教育资源，从而在就业市场中占据有利地位，获得更高的收入和更好的发展空间。

而信息匮乏者由于在信息传播中处于劣势，往往难以跟上经济结构调整和社会发展的步伐。在教育方面，他们无法接触到先进的教育理念和优质的教学资源，导致教育水平相对较低；在就业领域，由于信息不畅，他们难以获取到合适的就业机会，或者只能从事一些低技能、低报酬的工作。这种在经济、教育、就业等方面的差距不断扩大，使得社会阶层之间的界限越来越明显，不同阶层之间的流动性减弱。长期来看，这不仅会影响社会的公平与和谐，还可能引发一系列社会矛盾和问题，对社会的稳定和可持续发展构成潜在威胁。因此，重视并积极应对数字鸿沟问题，对于促进信息公平传播、缩小社会差距、实现社会的和谐稳定发展具有至关重要的意义。

三、基于信息传播理论的影响机制

（一）信息不对称引发沟通障碍

由于数字鸿沟造成的信息获取差异，不同大学生之间形成了信息不对称。在沟通中，信息丰富的一方可能会不自觉地使用一些专业术语、新颖概念或引用大量案例进行表达，而信息相对匮乏的一方可能对这些内容感到陌生，无法跟上对方的思路。这种信息理解上的落差容易导致沟通双方产生误解，降低沟通的效率和效果。长期处于这种信息不对称的沟通环境中，会使数字劣势的大学生逐渐对沟通产生畏难情绪，影响他们沟通技能的正常发展。

（二）传播渠道局限抑制沟通技能发展

数字鸿沟限制了部分大学生对传播渠道的选择和运用，这直接影响了他们沟通技能的锻炼和提升。多样化的传播渠道为大学生提供了不同的沟通场景和方式，每种渠道都对沟通技能有特定的要求和锻炼作用。例如，视频通话需要具备良好的语言表达、肢体语言运用和实时反应能力；在线群组讨论则要求参与者能够清晰表达观点、倾听他人意见并进行有效的互动。

当大学生因数字鸿沟只能局限于少数传统渠道时，他们无法全面接触和适应不同的沟通场景，相应的沟通技能也就难以得到充分的培养和发展。这不仅限制了他们在数字时代多元沟通环境中的应对能力，还可能导致他们在未来职场和社会生活中面临沟通困境。

（三）反馈机制不畅阻碍沟通技能提升

有效的沟通依赖于良好的反馈机制，接收者及时、准确的反馈能够帮助传播者调整沟通方式和内容，从而不断优化沟通效果。然而，数字鸿沟使得反馈机制在大学生沟通中出现问题。数字素养较低的大学生作为接收者时，由于信息解码困难和沟通能力有限，可能无法提供准确、有效的反馈。

这使得传播者难以了解自己的沟通是否达到预期效果，无法根据反馈进行针对性的改进。长此以往，双方的沟通技能都难以得到有效提升，形成恶性循环。同时，这种反馈不畅的情况还可能导致沟通双方的积极性受挫，进一步影响沟通技能的发展。

简而言之，从信息传播理论视角来看，数字鸿沟通过在信息传播各个要素上的体现，以信息不对称、传播渠道局限和反馈机制不畅等多种方式，深刻影响着大学生沟通技能的发展。深入理解这些影响机制，有助于制定更具针对性的策略，缩小数字鸿沟，促进大学生沟通技能的全面提升。

第二节　认知心理学视域：数字鸿沟下的思维模式重构与认知偏差矫正

一、认知心理学概述

（一）认知心理学的研究内容和理论基础

1. 认知心理学的定义

认知心理学，作为心理学领域中极为重要的一个分支，专注于对人类内心世界的深度探索。它致力于解开人类思维、感知、记忆、语言运用、学习过程，以及问题解决策略等诸多方面的谜题。

2. 认知心理学的理论基础

认知心理学的理论基础涉及多个学科领域的思想和研究成果，这些理论为认知心理学的发展和研究提供了重要支撑。

（1）哲学基础

理性主义：以笛卡儿、莱布尼茨等为代表，强调人类的理性思维能力，认为知识可以通过理性的思考和推理获得。理性主义者相信人类具有内在的认知结构，能够对世界进行理解和解释。例如，笛卡儿提出“我思故我在”，强调思考作为人类认知的核心，这种观点促使认知心理学关注人类内在的思维过程和认知结构。

经验主义：洛克、休谟等是经验主义的代表人物，他们主张知识来源于感觉经验，认为人类的心灵最初如同一张白纸，通过与外界环境的接触和经验的积累，逐渐形成各种观念和知识。经验主义的观点为认知心理学研究人类如何通过感知觉获取信息，并在此基础上构建认知体系提供了哲学思考方向。

（2）心理学基础

格式塔心理学：强调心理现象的整体性，认为整体大于部分之和。格式塔心理学家反对将心理过程分解为简单的元素，而是关注人们如何从整体上感知和理解环境中的刺激模式。例如在知觉研究中，格式塔心理学提出了一系列知觉组织原则，如接近性、相似性、连续性等，这些原则对认知心理学理解人类的知觉过程产生了深远影响，促使认知心理学从整体的角度研究认知现象。

行为主义心理学：虽然认知心理学在一定程度上是对行为主义的反叛，但行为主义的一些研究方法和观点也为认知心理学提供了基础。行为主义强调通过可观察到的行为来研究心理现象，注重实验研究方法的运用，其严格控制变量的实验设计方法为认知心理学的实验研究提供了借鉴。同时，行为主义对刺激－反应关系的研究，也促使认知心理学进一步探讨刺激与反应之间的内在认知过程。

（3）信息科学基础

信息论：由香农创立，主要研究信息的传输、存储和处理。信息论将信息看作是可以量化和分析的对象，提出了信息熵等概念来衡量信息的不确定性。在认知心理学中，信息论的观点被用来解释人类如何接收、编码、存储和提取信息，将人类的认知过程类比为信息处理系统，为认知心理学提供了一个全新的理论框架和研究视角。

（二）认知心理学与大学生沟通技能的关系

掌握认知心理学的基本原理，对大学生而言，是把握他人意图与表达精髓的一把钥匙。

认知心理学与人际交往之间存在着微妙的联系，它揭示了认知过程如何多维度地塑造着沟通的效果与品质。通过洞悉这一关联机制，不仅能更深刻地理解沟通现象的内在逻辑，还能为提升个人的沟通能力提供坚实的理论支撑与实践路径。

在这一学科视野下，人类的认知过程，诸如感知外界、集中注意力、记忆存储，以及思维运作等，均被细致剖析。特别是思维，作为认知活动的高

级阶段，对个体的沟通模式起着决定性的作用。探讨数字鸿沟如何通过扭曲大学生的思维方式，进而影响其沟通实践，无疑揭示了数字时代背景下大学生沟通难题的深层原因，也为改善这一状况提供了既具理论深度又具操作性的指导。

认知心理学将思维比作信息的加工厂，涉及概念构建、逻辑推理、问题解决等一系列复杂活动。思维不仅是理解外部世界的窗口，更是表达自我、实现有效沟通的关键。而思维的发展特征与模式，又深受多种外部因素的塑造，其中，数字技术的普及与数字信息的海量涌入，在数字时代显得尤为突出。

二、认知心理学视角下数字鸿沟对大学生沟通产生的影响

（一）个体认知与数字鸿沟的相互影响

面对同样的信息，每个人所感知和理解的内容往往大相径庭，这背后是各自独特的生活经历、所处环境，以及思维模式的综合作用。信息的解读，不仅仅是对客观事实的反映，更深深植根于社会内部的主观性与多样性之中。在信息的诞生与传递过程中，精神因素如同一股无形的力量，积极地参与其中。

当两个独立的个体接收到同一信息时，他们会根据自己的理解和经验，对信息进行个性化的加工与转化，从而生成迥异的新信息。这一现象引人深思：在相同信息的刺激下，不同的个体能够创造出截然不同的信息回响，其中的奥秘，很大程度上源于每个人大脑的独特构造与运作方式。每个大脑，都仿佛是一个独一无二的宇宙，以其特有的方式诠释着周围的世界[①]。

认知心理学可以为深入剖析数字鸿沟对大学生沟通行为产生影响的一系列复杂思维机制提供有效的视角。在这一系列思维机制中，不仅涵盖了认知过程的各个环节，还触及认知结构与认知策略等深层次因素，它们相互交织，

① 张彬. 数字鸿沟测度理论与方法［M］. 北京：北京邮电大学出版社，2009.

共同塑造了大学生的沟通模式。

首先，认知过程作为信息处理的基石，在数字鸿沟的背景下显得尤为重要。大学生在接收、理解并回应信息时，其认知过程的流畅度与深度直接受到数字技能与信息获取能力的影响。数字鸿沟的存在，可能导致部分大学生在信息解码与整合上遇到困难，进而影响其沟通的准确性和效率。

其次，认知结构，即个体大脑中知识、信念与经验的组织架构，也在数字鸿沟的影响下展现出差异。拥有更丰富数字资源的大学生，其认知结构可能更加多元化与开放，这有助于他们在沟通中展现更广阔的视野与更深入的见解。相反，数字资源匮乏的学生可能在认知结构上显得较为单一，限制了其沟通的深度与广度。

最后，认知策略，即个体在面对问题时采用的思维方法与技巧，同样受到数字鸿沟的深刻影响。擅长利用数字技术的大学生，往往能更灵活地运用认知策略，如批判性思维、创造性思维等，来优化沟通效果。而数字技能不足的学生，则可能在策略选择上显得较为局限，难以在沟通中充分发挥潜力。

总体来说，数字鸿沟通过影响大学生的认知过程、认知结构与认知策略，进而对其沟通行为产生了深远的影响。

（二）认知过程维度的思维机制

1. 感知与注意差异对信息摄入的影响

感知作为一个心理过程，是指个体通过眼、耳、鼻、舌、身等感官系统捕捉外界世界的各种信息刺激，并将这些纷繁复杂的刺激转化为大脑可解读的神经脉冲的过程。注意，则是个体在不同信息中对某个信息的特别关注，具有指向和集中性，注意能使个体聚焦于那些至关重要的信息，对该信息进行集中且深入的处理和思考，暂时忽略或搁置其余不重要的干扰信息。

在认知心理学的语境下，感知是信息流动的起点，它是意识通往外界的门径；注意则决定了一个人如何在庞大信息洪流中做出选择，将精力集中于相对更具价值或优先级更高、更迫切的信息之上。

理论上，个体能够根据自身需求实现认知到注意的切换，但是，因为数字鸿沟的存在，导致许多大学生在信息感知与注意分配上的体验分隔开来。那些享受丰富数字资源与先进设备的大学生，能够站在信息的高地上，轻而易举地得到海量信息资源，他们能够通过诸如网络学习平台、社交媒体等数字空间进行交流，广泛而迅速地捕捉来自各个层面的信息，加之以高清视频、虚拟现实等前沿技术，更是让他们仿佛置身于信息的现场，体验着多维度的感官盛宴。在注意分配方面，有着数字资源优势的大学生群体更是得心应手，像智能提醒、信息分类等数字工具，可以为他们提供信息检索的捷径，帮助他们高效地筛选并聚焦于关键信息。

反观那些数字资源匮乏的大学生，他们的“信息之旅”则显得艰难许多。网络信号的不稳定、老旧设备运算能力不足，常常让这部分学生在运用和掌握信息进行学习时无法得心应手。比如，有的学生在学习在线课程时，视频的卡顿、画面的模糊，会分散学生的注意力，导致信息的摄入支离破碎，而不同地区学校之间的数字资源不平等，造成部分大学生根本没机会接触到高质量的教育资源，进一步导致启发性认知的受限。这种作用于信息感知与注意分配上的资源差异，如同一道隐形的鸿沟，悄然间影响着大学生在沟通中的表现，导致他们在知识储备与交流素材的质量上显现出巨大的落差。

2. 记忆载体影响信息提取与沟通表达

这里说的记忆方式，主要是指大学生在学习过程中的记录载体，包括但不限于人脑的记忆。抛开个体智力的差异，真正影响大学生沟通、交流的记忆载体，主要是指记忆的物质载体。

记忆是知识的储备之所，然而，一个人大脑的记忆能力是有限的，在如今这个信息时代，但从知识量的角度来说，古人所谓的“学富五车”已不算什么，死记硬背的读书模式已无法适应当今社会的发展需要。大学生需要广泛利用“笔记”这一载体来延伸自己的知识储备，扩充自己的知识容量。从这一目标来说，笔记的载体不能仅局限于纸张与书本，这些笨拙的载体记录信息量有限，不易携带，写入和检索效率低下，最重要的是不易更改和总结，难以形成更加有效的信息资源。在这种情况下，以电脑和移动智能设备为媒介的线上存储空间出现了，后者不仅解决了传统记忆载体的各种弊端，还能够实现多元化信息的记录，如图片、图像信息、音频等。对于那些精通数字技能的大学生而言，云存储、笔记软件等数字工具已成为他们管理信息的得力助手。这些工具的存储空间仿佛没有边界，而且它们内置的搜索与分类功能，更是让信息的检索变得如同探囊取物般轻松，无论是学术资料还是生活点滴，都能在最需要的时刻被迅速唤醒。

在沟通交流，尤其是通过网络媒体进行文字交流的过程中，这些大学生能够从网络载体中迅速调取相关信息，为沟通提供主题、角度或论点支撑，使言辞更加流畅而富有深度。他们能够信手拈来，引用之前精心收藏的文献资料，为自己的观点增添分量。

然而，对于那些数字技能水平落后甚至没有线上信息储备的大学生来说，交流与沟通的范围就相对局限。他们更多地依赖于纸质笔记与死记硬背的传统方式，这不仅效率低下，而且信息的存储与提取都受到了极大的限制。在沟通时，他们可能会因为一时无法回忆起某个关键信息而陷入尴尬，导致表达的中断与内容的贫瘠，从而降低了沟通自信，影响了沟通的整体效果。

（三）认知结构维度的思维机制

1. 知识储备与更新速度塑造不同思维模式

知识通常被理解为对事实、概念、信息的理解和记忆，它可以通过学习和经验积累而来，是一种可以量化的认知储备。而思维，则是一种更为复杂的心理过程，它包括分析、判断、推理、创造等能力，是个体解决问题、应对挑战的关键。如果说每一种知识都是一种工具，这些工具能够帮助人们解决各种各样的问题，那么思维就是使用这些工具的能力，进一步说，个体每掌握一种知识，就势必要进化出一种思维来使用它，这就形成了知识与思维之间相辅相成的关系。个体的认知结构在很大程度上是由个体大脑中的知识

决定的，是个体大脑中已有的知识体系的归纳和总结，它进一步影响着个体对新信息的理解和处理方式。

数字鸿沟导致大学生知识储备和更新速度不同，自然就会导致不同的思维模式的形成。拥有丰富数字资源的大学生，能够轻松触及广泛的新鲜信息，从而根据这些信息组建思维，产生独到新鲜的见解。数字资源丰富的大学生能够轻而易举地借助在线学习平台和学术论坛等多元渠道充实自我，随着知识边界持续扩展，他们的认知框架变得更为多元且充满活力，思维模式也随之展现出开放与灵活的特性。这种思维的领先，会让这部分大学生在面对交流时显得从容不迫，得心应手，即使面对交流中的难题，他们能够自如地从多个维度出发，提出富有创意的见解。例如，在探讨社会热点议题时，他们能够跨越学科界限，巧妙融合不同领域的理论与最新研究成果，进行深度剖析，而这种跨学科思维本质上需要以跨学科知识作为基础。

相比之下，数字资源匮乏的大学生，其知识获取途径较为有限，主要依赖于传统的教材与课堂讲解。这种相对狭窄的知识来源，导致他们的认知结构趋于稳定甚至略显僵化，思维模式也显得较为封闭和保守。在沟通过程中，他们往往受限于既有的知识与经验，难以针对新问题展现出灵活而深刻的思考力。

2. 知识体系完整性影响逻辑推理与沟通连贯性

一个完整且健全的知识体系，是支撑个体进行精准逻辑推理与清晰连贯沟通的重要基础。掌握了丰富数字资源的大学生，能够广泛吸收来自不同学科领域的知识养分，逐步搭建起自己稳固而全面的知识体系。相比单方面的深入认知，如专业知识，全面广泛的认知对于个体探索事物内在规律进而发展逻辑思维具有积极显著的作用。在大学生沟通交流的过程中，他们能够得心应手地运用这些系统化的知识作为推理工具，使自己的观点不仅逻辑严密，而且能够从其他知识层面汲取相似性，从而举一反三，将有限的知识学以致用。

反观那些数字资源相对匮乏的大学生，他们的知识体系可能如同破碎的拼图，存在着诸多空白与遗漏。在运用知识进行逻辑推理时，他们往往难以避免地会遇到思维断点，导致推理过程出现跳跃或偏离正确轨道。在沟通表达上，他们也可能因为知识体系的不完整，而无法将想法流畅地串联起来，导致言辞之间缺乏必要的连贯性，让人难以准确把握其核心观点，这无疑会对沟通的效果造成不小的负面影响。

（四）认知策略维度的思维机制

1. 数字工具运用能力决定信息处理效率与思维灵活性

认知策略是学习者加工信息的一些方法和技术，其基本功能有两个方面：一是对信息进行有效的加工与整理；二是对信息进行分门别类的系统储存。举例来说，在学习过程中，学习者针对所学内容画出网络关系图，这种策略就属于认知策略[①]。

认知策略是个体为提高认知效率而采用的方法和技巧，数字技术为认知策略的运用带来了新的变化。那些精通数字工具的大学生，能够快速对海量的信息进行处理，精准捕捉到与自己所需高度相关的内容。这种对信息的敏感性，配合数据分析软件，能够帮助他们快速深入地将这些知识碎片剖析、整合。这种高效的信息处理能力，在沟通场景下同样适用。具备高效认知策略的大学生群体往往能够将更多的思维转作他用，从而在沟通交流的过程中保持更高的思维活跃性，更重要的是，对于从他人处获取的信息，他们能够迅速理解和分析，这种思维余力的保留和信息处理的效率为他们提供了足够的应变力，能即刻根据对方的回应灵活调整自己的思路。

然而，那些数字工具运用能力不足的大学生，面对浩瀚的信息海洋，他们往往感到迷茫与无助。在信息的洪流中，他们难以迅速分辨出哪些是真正有价值的，哪些是无关紧要的。这种信息处理上的困境，导致他们面对信息时手足无措，失去信息的处理、分析能力。这类学生很难在交流中保持思维

① 张大均. 教育心理学［M］. 北京：人民教育出版社，2011.

的灵活性，更难以根据实际的沟通情境灵活调整自己的策略，使得沟通的效果大打折扣。

2. 问题解决策略差异影响沟通中的应对能力

在教育心理学中，“问题”被认为是“学习者原封不动地运用已有知识不能解决的情境”。也就是说，运用已有知识能够直接解决的问题，不能称之为问题。在现实的生活和未来的工作过程中，大学生能够运用学校学来的书本知识直接解决的问题少之又少，这是因为现实中问题出现的情境是多种多样的，不论是教育者还是学生自身，都很难将多种问题统一归纳进而得到唯一的标准答案[①]。

在认知心理学的视角下，问题解决策略彰显了个体思维的灵活性与深度。那些熟练掌握数字技能的学生，在长期接触并利用数字技术解决问题的过程中，逐渐积累并总结出多元化的问题解决路径和思维。他们擅长运用互联网搜索有效的解决方案，即使在信息不足导致无法直接解决问题的情况下，也能够通过线上平台与来自五湖四海的伙伴共同探索、深入交流讨论，从而一起找到解决问题的办法。相比之下，数字技能相对欠缺的学生，在解决问题时往往显得策略较为局限，更多依赖于个人有限的经验或是向周围小圈子求助。一旦沟通遭遇瓶颈，他们往往缺乏有效的破冰手段，导致沟通无法进一步深入，停留在较为浅显的阶段。深入的沟通、讨论与探索，应该是相互之间能够提供灵感和启发，能够突破每一个个体的知识边界，将所有人的知识能力有机结合起来的过程，而互联网等数字技术，为学生经历这一过程提供了充分的锻炼与适应，数字技术的不足影响了这一锻炼和适应的过程，导致个体在深入沟通和解决问题的能力上出现显著差异，这种差异不仅反映了数字技能水平对问题解决能力的影响，也揭示了数字时代下，提升大学生数字素养与问题解决能力的紧迫性和重要性。

---

① 江丕权，李越，戴国强. 解决问题的策略与技能［M］. 北京：科学普及出版社，1992.

第三节　社会学视域：数字鸿沟引发的社交模式重构与关系网络演化

在当今日新月异的数字化时代，信息技术的飞速发展如同一股强大的潮流，深刻地重塑了人们的日常生活与社交图景。大学生，作为这股数字化浪潮中的弄潮儿，他们的社交活动已深深植根于数字技术的沃土之中。然而，值得注意的是，数字技术的普及并非雨露均沾，而是呈现出一种不均衡的分布态势，数字鸿沟的裂痕在大学生群体中日益显现。

为了深入理解这一社会现象，从社会学的理论视角切入，深入挖掘数字鸿沟对大学生社交活动产生影响的内在机理，显得尤为重要。这不仅有助于揭开数字鸿沟背后的神秘面纱，更能为寻求解决之道提供坚实的理论基础，从而助力人们更好地应对这一挑战。

一、社会学理论概述

（一）什么是社会学

社会学是一门系统研究社会行为与人类群体的学科，它致力于探究社会结构、社会互动、社会变迁，以及社会关系背后的规律和机制。其研究对象包括以下几点。

（1）社会结构

涵盖社会中不同部分之间的关系和组织方式，像社会阶层、社会制度（如经济制度、政治制度、家庭制度）等。以社会阶层为例，社会学研究不同阶层在社会资源分配、权力获取等方面的差异及其形成原因。

（2）社会互动

关注个体之间、群体之间，以及个体与群体之间的相互作用，包括语言交流、非语言沟通、合作、竞争等各种形式。比如在一场商务谈判中，双方

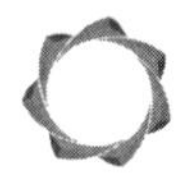

的言语交锋、肢体动作等互动行为都是社会学的研究范畴。

（3）社会变迁

探讨社会随时间发生的变化，包括社会发展、社会转型、文化变迁等。例如，工业革命带来的社会生产方式变革、城市化进程对人们生活方式和社会关系的改变。

（二）社会学理论基础

1. 社会互动理论

社会互动，即通常所说的社交，是指在复杂的社会关系网络中，人与人、人与群体，以及群体之间在心理和行为层面持续相互影响、交互作用的动态历程。这一过程涉及个体间、群体间及个体与群体间的多种社会行为交换。社会互动深深植根于信息的流通与传递之中，其发生总是伴随着特定的情境背景，意味着同一行为在不同的时间与环境中可能承载着迥异的含义。值得注意的是，社交互动不仅限于直接的、面对面的交流，它也广泛存在于非直接接触的场合，如通过媒体、网络等媒介实现的互动。这种多维度、多层次的互动模式，构成了人类社会复杂而多样的交往图景，促进了知识的共享、情感的交流，以及社会结构的动态演变。社会互动的形成要素主要有以下两个。

（1）应有两方以上主体

互动的主体数不小于两个，严格来说，是不少于“两方”。互动是双方之间进行的，至于双方的人数则没有任何限制，双方中的任何一方既可以是个人也可以是群体，这就形成了个体与个体、个体与群体、群体与群体等多种互动类型。

（2）主体间应有某种形式的接触

社会互动的形式丰富多样，既包括直接的语言交流，也涵盖了广泛的非语言沟通方式。语言作为人类沟通的主要工具，承载着信息的传递与情感的交流。然而，互动并不仅限于口头或书面的语言表达，它同样可以通过身体感官或其他媒介来实现。

另外，社会互动理论研究的核心包括以下几点。

首先，社会活动理论研究是围绕人与社会环境之间相互作用的规律、模式及其背后的深层机制展开的。它强调个体之间如何通过符号、语言等媒介进行相互作用，从而构建、维系和改变社会关系。这些相互作用不仅影响着个体的行为和心理状态，也塑造着整个社会的结构和文化。

其次，在数字时代，随着信息技术的飞速发展，数字平台已经成为大学生等年轻群体重要的互动场所。这些平台提供了全新的互动空间和方式，使得人们可以跨越时空的限制，进行更加便捷、高效的交流。与此同时，新的互动符号和方式也不断涌现，如表情包、短视频、直播，这些新兴符号和方式不仅丰富了互动的形式，也进一步推动了社会互动理论的创新和发展。

总之，社会互动是一个复杂而多维的过程，它涉及个体、群体、社会等多个层面。在数字时代，需要更加深入地研究社会互动的规律和模式，以更好地理解和应对社会变革所带来的挑战和机遇。

2. 社会网络理论

社会网络是指个体与个体、个体与群体之间根据各种社会关系缔结而成的关系网络。社会网络关系和陌生人之间缔结而成的网络关系有很大的区别，前者能够嵌入一定的社会资源，但却往往是不平等的。例如，一个依托亲缘关系缔结的社会网络，存在长辈和晚辈的辈分差别，而依托工作关系缔结的社会网络，存在领导与员工的地位差别，而陌生人之间的网络则是平等的。

之所以提出这个理论，是因为社会网络是大学生群体重要的网络资源之一，与信息网络中的网友不同，社会网络的成员通常能够为大学生提供一定的社会资源和发展机会，但数字鸿沟会对社会网络产生一定的负面影响，这些影响会限制社会网络的活性和功能。例如，一个由不同年龄段的家庭成员缔结而成的社会网络，其中缺乏数字技术的长辈没有机会与更加广泛的社会建立联系，此外，老年人无法有效获取和利用在线资源，导致他们的社会网络在信息交流和资源共享方面存在缺陷。更可怕的是，社会各阶层之间本就

存在差距，过于依靠内部关系形成的社会网络可能会导致“故步自封”的后果，进一步加剧社会分化。基于上述种种可能出现的问题，社会网络的资源共享及利用效率不高，家庭中的长辈明明拥有一定的人生阅历和资源，却往往在帮助晚辈成长和发展的道路上无从下手，结果成了社会的淘汰对象。

与外界社会网络脱节的老年人通常在资源和社会经验上具备一定的优势，数字鸿沟切断了这一优势发挥作用的途径。大学生群体应该意识到社会网络对自己的帮助是具有很大潜力的，主动发掘这种潜力，就需要精通数字能力的大学生主动为不精通者提供一定的指引甚至培训和教育。

3. 社会分层理论

社会分层理论探讨社会中不同群体因经济、文化等因素形成的地位层次、社会等级差异。在科技高速发展的今天，尤其是人工智能等高新科技蓬勃发展的当下，数字鸿沟可视为一种新的分层因素，加深社会分层现象，这种现象会在大学生群体中引发社交层面的不平等。例如，不会使用数字技术的大学生，在工作时可能认为自己只要踏实肯干，就能弥补自己人情世故上的不足，但忽视了利用数字技术可以为他们大幅降低工作的时间成本，节省出来的精力和时间资源完全可以用于社会交往和其他社会资源的获取，进而提升自己的社会地位。更重要的是，数字技术能够加深工作交流，扩展沟通渠道，提高大学生的工作能力，这比埋头苦干、闭门造车式的工作模式要高效很多。

二、数字鸿沟对大学生社交互动影响的深度剖析

（一）信息获取能力的分化与社交话题的构建

随着数字技术的迅猛发展，大学生在信息获取层面展现出了显著的分化现象。拥有优越数字资源及技能的学生群体，能够轻松跨越信息的边界，触及广泛且深入的知识领域，无论是学术探讨还是流行文化的追踪，皆能信手拈来。这些信息不仅丰富了他们的思维视野，更成为社交互动的宝贵素材，使他们在交流场合中占据话题的主导地位，如通过分享前沿学术成果或网络

热点事件，激发周围同学的讨论热情。

相反，数字资源相对匮乏的学生，在信息获取的广度与深度上均受到限制，其信息来源大多集中于传统渠道，缺乏新颖性和多样性。这在一定程度上限制了他们在社交对话中的参与度，面对多元话题时可能感到无所适从，进而影响到与同伴的深入交流及关系建立。

（二）社交平台运用能力的差异与社交网络的扩展

数字技术的迭代更新，为社交平台的多元化发展提供了肥沃土壤。在此背景下，大学生对于社交平台的使用能力成为衡量其社交广度的重要指标。具备较强数字技能的学生，能够灵活穿梭于各类社交平台，如社交媒体、短视频应用等，通过参与线上社群、活动，有效拓宽了社交圈层，实现了跨地域、跨文化的交流互动，为个人的成长与发展注入了新的活力。

而受数字鸿沟制约的学生，则可能因硬件条件不足、网络限制或技能欠缺，难以充分享受社交平台带来的社交红利。他们的社交活动往往局限于现实生活的狭小圈子，难以跨越地域与身份的限制，从而限制了人脉资源的积累及视野的拓宽。

（三）数字技能水平的差异与社交影响力的塑造

在数字社交时代，个人数字技能的高低直接关联到其在社交场域的表现与影响力。具备高超数字技能的学生，能够利用多样化的数字工具与媒介，展现个人魅力与才华，如创作富有创意的视频内容、撰写引人入胜的网络文章，以此吸引更多关注与认可，逐步建立起自己在数字社交空间中的权威地位。

反之，数字技能相对薄弱的学生，在数字社交中显得较为被动，难以有效运用数字工具进行自我表达与展示，面对复杂多变的数字环境时易感迷茫与无力。这种技能差距导致的社交影响力差异，进一步加剧了学生在社交体系中的分层现象，影响了其社交参与的积极性与自我效能感。

（四）数字文化认同的差异与社交归属感的构建

随着数字技术的深入渗透，不同技能水平的学生群体逐渐形成了各具特色的数字文化认同。数字技能较强的学生群体，倾向于接纳并创造前沿、多元的数字文化，这种文化认同成为他们社交互动的重要纽带，促进了与同类人的深度交流与共鸣。

而对于数字技能较弱的学生而言，面对快速变化的数字文化潮流，他们可能感到难以融入，甚至产生文化隔阂与归属感缺失。在一些以数字文化为核心的社交活动中，他们可能因文化认知的缺失而感到被边缘化，这不仅影响了其社交体验的质量，也对心理健康构成了潜在威胁。

总而言之，数字鸿沟在大学生社交互动的多个维度均产生了深远的影响，缩小数字鸿沟，提升大学生的数字素养与技能，对于促进其社交互动的全面健康发展具有重要意义。

三、基于社会学理论的分析

（一）从社会互动理论角度

数字鸿沟破坏了大学生社交互动的平等性和顺畅性。社会互动理论强调互动双方应在相对平等的基础上进行信息交换和意义共享。然而，数字鸿沟导致大学生在信息获取和数字技能上的差异，使得互动双方在交流中存在信息不对称和互动障碍。优势方能够更主动地发起和引导互动，而劣势方则可能因信息不足或技能欠缺而处于被动地位，影响互动的深度和持续性。

（二）从社会网络理论角度

数字鸿沟改变了大学生社会网络的结构。社会网络理论认为个体在网络中的位置决定其社交机会和资源获取能力。数字技术优势的大学生凭借广泛的线上社交网络，处于网络中心位置，能够获取更多的信息和资源，进一步巩固其社交优势。而数字技术劣势的大学生则处于网络边缘，社交网络相对狭窄，难以获得足够的资源来提升自己的社交地位，导致社会网络结构的不均衡。

（三）从社会分层理论角度

数字鸿沟成为大学生群体内部新的分层因素。社会分层理论指出不同群体因资源占有差异形成社会层级。在数字时代，数字资源和技能的差异使得大学生群体出现新的分层。数字技术优势群体在社交中具有更多的话语权和资源，能够参与更高层次的社交活动，进一步提升自身的社会资本。而劣势群体则在社交中面临诸多限制，难以突破阶层束缚，加剧了大学生群体内部的不平等。

第三章 数字时代下青年大学生社交模式的演变与启示

数字时代的浪潮汹涌而来，以前所未有的方式重塑着青少年的社会交往模式，这些演变特征不仅反映了时代的变迁，更深刻影响着青少年的成长与发展。大学生作为即将踏入社会或已经在社会中积累经验的年轻群体，能够从青少年社会交往模式的演变中获取宝贵的经验与智慧。他们可以学习如何在复杂的数字世界中坚守真实的自我，避免在虚拟环境中迷失方向；懂得如何在虚拟社交与现实生活之间寻得平衡，不因为过度沉迷网络社交而忽视现实中的人际关系；学会充分利用数字技术的优势，促进自身的成长进步，构建健康、有益的社交网络。这不仅关乎个人能力的提升，更是对未来社会交往形态进行的一次深度思考与前瞻性探索。

第一节 传统模式：青年大学生社会交往模式的历史演进与特征分析

青少年时期是个体社会化的关键阶段，社会交往在这一过程中起着至关重要的作用。传统社会中的青少年社会交往模式是在特定的历史、文化和社会环境中形成的，它们反映了当时社会的价值观念、社会结构，以及家庭关系等方面的特征。深入研究传统青少年社会交往模式，有助于理解人类社会发展过程中青少年成长的规律，以及社会文化对青少年交往行为的塑造作用。

同时，在当代社会快速变迁的背景下，传统交往模式中的一些有益元素仍然具有重要的现实意义，能够为解决当代青少年社会交往中出现的问题提供历史的智慧与启示。

一、传统青少年社会交往模式的历史演变

社会交往，从本质上讲，是人类社会中个体之间借助多种渠道和形式开展的社会性互动行为。在社会学的理论框架下，这一复杂现象呈现为一系列丰富且多元的互动情境：个体与个体之间，既能够进行直接的面对面深度交流，也可以通过多样化的媒介手段，达成信息的传递与情感的沟通。这种互动并非仅仅局限于言语层面的简单应答，而是深度依赖于人际吸引力的微妙作用、身体语言的丰富表意，以及空间距离的精细调节等诸多因素[①]。

社会交往作为构建社会宏观结构的关键要素，将个体紧密相连，形成复杂的社会关系网络。它不仅是个体实现社会化的核心路径，也是社会结构动态发展与功能得以实现的基础，对社会的整体形态与运行机制产生深远影响。

（一）古代农业社会时期

在古代农业社会，青少年的社交主要围绕家庭、家族和村落展开。家庭是青少年学习生活技能和道德规范的第一站。家族通过祭祀和聚会等活动，让青少年与更多亲属建立联系，了解家族传统。村落中的集体劳动和节日活动则为青少年提供了与同龄人和村民互动、合作的机会，增强了他们的社交网络和友谊。

（二）封建社会时期

封建社会时期，青少年的社交模式受阶层影响显著。贵族阶层的青少年

---

① 郭小弦，周润琪. 数字时代的社会交往模式：线上与线下的对比研究［J］. 浙江社会科学，2023（12）：84.

接受系统教育，主要与同阶层子弟及文人、官员交往。他们通过参加宫廷宴会、学术交流等活动，拓展社交圈子，培养社交礼仪和文化素养，为将来的政治、经济和文化活动做准备。

而在平民阶层，青少年的交往仍然以家庭、邻里和行业组织为主。在城市中，学徒制度使得青少年通过在作坊或店铺中当学徒，与师傅、师兄师姐，以及同行建立起师徒关系和行业伙伴关系。这种交往不仅传授了职业技能，也培养了他们的职业道德和团队合作精神。在农村，青少年继续在家族和村落的社交网络中活动，同时一些农村地区出现的私塾教育也为青少年提供了与其他村落学生交流的机会。

（三）近代社会转型时期

近代以来，中国社会经历了剧烈的变革，西方文化的冲击、工业化和城市化的进程对青少年的社会交往模式产生了深刻影响。随着新式学堂的兴起，青少年有了更多机会接受现代教育，学校成为他们重要的社交场所。在学校里，青少年打破了地域和阶层的限制，与来自不同背景的同学交往，学习新知识、新思想，形成了新的友谊和群体认同。

同时，城市的发展和工业的兴起吸引了大量青少年进入工厂做工，他们在工厂环境中形成了工人阶级的青少年群体，通过罢工、工人运动等活动，青少年工人之间建立起团结互助的革命友谊，这种交往模式对中国近代社会的变革产生了重要推动作用。此外，一些进步社团、学生会等组织的出现，也为青少年提供了表达政治诉求、交流思想的平台，进一步拓宽了他们的社会交往范围。

二、传统青少年社会交往模式的主要形式

（一）家庭与家族交往

家庭是青少年社会交往的起点与基础。传统家庭里，长辈言传身教，借

日常生活事例传授家庭价值观、道德规范与生活技能，如教导传统美德，传授烹饪等实用技能。

家族交往靠家族祭祀、修族谱、聚会等维系。活动中，青少年与长辈、同辈交流，了解家族历史传承，增强家族认同感与归属感，长辈也借此开展家族文化教育，培养其荣誉感与责任感。

（二）邻里与村落交往

传统社会里邻里关系重要，青少年邻里交往频繁。邻里互助，青少年从中学会关爱、助人，像邻居有红白喜事时他们会主动帮忙，增进邻里感情。

村落是独立社会单元，为青少年提供广阔交往空间。社戏、庙会等公共活动是社交重要场合，青少年能结识同龄人进行互动。此外，长辈组织青少年参与修路、维护水利等公益活动，培养其集体意识与社会责任感。

（三）学校与书院交往

在传统教育体系中，学校和书院是青少年获取知识和社交的重要场所。无论是古代的私塾、学府，还是近代的新式学堂，都为青少年提供了与老师和同学交流的机会。在课堂上，师生之间通过讲授、问答等方式进行知识的传递和思想的交流；在课余时间，青少年学生之间相互切磋学问、讨论问题，形成了浓厚的学术氛围。

（四）社团与组织交往

随着社会的发展，各种社团和组织逐渐兴起，成为青少年社会交往的新形式。在古代，一些文人雅士会组织诗社、画社等社团，青少年通过参加这些社团，与其他文学艺术爱好者交流创作心得，提高自己的艺术水平。在近代，政治社团、行业协会等组织纷纷涌现，青少年积极参与其中，表达自己的政治观点和行业诉求。

例如，一些进步青年组织的革命社团，通过宣传革命思想、组织革命活

动，团结了一大批志同道合的青少年，为推动社会变革发挥了重要作用。行业协会则为青少年学徒提供了学习行业规范、交流技术经验的平台，促进了他们在职业领域的成长和发展。

三、传统青少年社会交往模式的特点

（一）注重等级与秩序

传统社会是一个等级分明的社会，这种等级观念在青少年社会交往中也有明显体现。在家庭和家族交往中，青少年要遵循严格的辈分和长幼秩序，对长辈要尊敬有礼，听从长辈的教导和安排。在学校和书院中，师生之间也存在着严格的等级关系，学生要尊重老师，遵守学校的规章制度。

在社会交往中，不同阶层的青少年交往相对较少，阶层之间存在着一定的隔阂。这种等级与秩序的存在，虽然在一定程度上限制了青少年的交往自由，但也有助于维护社会的稳定和传统价值观的传承。

（二）强调集体主义

传统青少年社会交往模式强调集体主义价值观，注重个人与集体的关系。在家庭、家族和村落交往中，青少年被教导要以集体利益为重，个人的行为要符合集体的规范和利益。例如，在家族祭祀活动中，每个成员都要积极参与，共同维护家族的尊严和荣誉；在村落的集体劳动中，青少年要齐心协力，为村落的发展贡献力量。

在学校和社团组织中，集体活动也备受重视。通过参与集体活动，青少年培养了团队合作精神、集体荣誉感和责任感，学会了在集体中如何与他人协作、沟通，以实现共同的目标。

（三）交往范围相对有限

在传统社会，由于交通、通信等条件的限制，青少年的社会交往范围相对有限。大多数青少年的交往活动主要集中在家庭、家族、邻里和村落等较小的社会圈子内。即使是在城市中，青少年的交往也往往受到地域、阶层和社会规范的限制。

随着社会的发展，尤其是近代以来交通和通信技术的进步，青少年的交往范围逐渐扩大，但在传统社会的大部分时期，相对有限的交往范围对青少年的视野和认知发展产生了一定的影响，同时也使得他们的社会关系相对稳定和紧密。

四、影响传统青少年社会交往模式的因素

（一）社会结构因素

传统社会的社会结构对青少年社会交往模式产生了根本性的影响。在农业社会，以家庭为基本生产单位的自然经济结构决定了青少年的交往主要围绕家庭和家族展开。家族作为一种重要的社会群体，在经济、政治和文化等方面都具有重要作用，青少年通过家族交往获取资源、学习社会规范和技能。

封建社会的等级结构进一步强化了青少年交往中的等级观念。不同阶层的青少年由于社会地位、经济状况和教育机会的差异，其交往对象和交往方式也存在明显不同。贵族阶层的青少年有更多机会接受良好的教育和参与高层次的社交活动，而平民阶层的青少年则主要在本阶层内部进行交往。

（二）文化价值观因素

中国传统文化价值观对传统青少年社会交往模式产生了深远影响。儒家思想强调“仁、义、礼、智、信”，这些价值观贯穿于青少年的交往行为中。“仁”要求青少年关爱他人、与人为善；“义”教导他们在交往中要坚守正义、明辨是非；“礼”则规范了交往中的礼仪和行为准则，使青少年在交往中注重礼貌、尊重他人；“智”引导青少年在交往中保持理性思辨，以智慧化解冲突，增进信任；“信”要求他们恪守诚信原则，言出必行，真诚待人。此外，传统

文化中的家族观念、乡土观念等也影响着青少年的交往选择。

（三）家庭制度因素

传统家庭制度对青少年社会交往有重要影响。家长制主导，家长对子女交往有较大控制权，会根据家庭利益和社会规范为子女选择交往对象与方式，如包办婚姻以扩大家族社会关系网络。

家庭经济状况和社会地位也影响青少年交往范围与质量。富裕家庭青少年有更多教育、社交机会，结交广泛朋友；贫困家庭青少年更多参与劳动，交往对象局限于同阶层人群。

（四）教育制度因素

传统教育制度直接影响青少年社会交往模式。古代教育以儒家经典为核心，目的是培养符合社会道德与政治需要的人才。在此教育制度下，学校和书院是青少年接受知识、道德教育及社交的重要平台。

教育的选拔制度，如科举制度，也影响着青少年的交往行为。为了在科举考试中取得好成绩，青少年会结交志同道合的朋友，共同学习、互相切磋。同时，科举考试也成为了一些青少年进入上层社会的途径，他们通过与考官、达官贵人等的交往，为自己的仕途发展创造条件。

总之，传统青少年社会交往模式有着显著的特点，而随着当代社会的快速发展，传统青少年社会交往模式发生了深刻的演变。一方面，交通和通信技术的飞速进步打破了地域限制，青少年的交往范围得到极大拓展。他们可以通过互联网、社交媒体等平台，轻松地与世界各地的人建立联系，结交新朋友。另一方面，社会价值观的多元化使得青少年在交往中更加注重个人的兴趣和需求，等级观念和集体主义观念相对淡化。青少年更加追求个性自由和独立，在交往中更加注重平等、尊重和自我表达。同时，家庭结构的变化，如核心家庭的增多，使得青少年在家庭中的交往模式也发生了改变，亲子关系更加平等、民主。

第二节　数字范式：青年大学生社会交往模式的数字化转型与创新特征

数字时代的到来，以前所未有的速度和深度改变着人们的生活方式，青少年作为数字时代的主力军，其社会交往模式也经历了深刻的变革。数字技术的广泛应用为青少年提供了全新的交往平台和工具，打破了传统交往的时空限制，丰富了交往的形式和内容。然而，这种变革并非简单的技术叠加，而是涉及社会、心理、文化等多个层面的复杂互动。

一、数字时代下青少年社会交往模式的演变特征

（一）交往空间的拓展

一方面，从现实延伸到虚拟，传统青少年社交多局限于家庭、学校、邻里等现实空间，如今借助社交平台、网络游戏，他们能与不同地区、背景的人交流，如热门游戏让全球青少年玩家形成跨越地域的虚拟社交圈，丰富了社交资源与体验。另一方面，实现线上线下融合，数字时代并非单纯将社交转移至线上，而是促进二者融合。青少年网络结识新朋友后常线下见面加深了解，线下活动也通过网络传播延伸，如学校活动经拍照、录像发布到社交媒体引发关注互动，这种模式模糊了现实与虚拟界限，提供更多元社交场景。

（二）交往方式的多样化

一方面，即时通信与异步交流并存。数字技术普及了微信、QQ 等即时通信工具，青少年能随时随地通过文字、语音或视频通话即时传递信息、交流情感，满足快速沟通需求，及时分享生活点滴。而像在社交媒体平台发布

动态、评论等异步交流方式也受青睐，它给予双方更多思考和表达时间，便于深度交流讨论。另一方面，多媒体互动方式兴起。数字时代突破传统文字交流局限，青少年在社交中运用图片、音频、视频等多种形式表达想法情感，如利用抖音、快手等制作精美短视频分享，通过评论、点赞与观众互动，增强了社交趣味性与吸引力，改变了社交体验。

（三）交往角色的转变

数字时代促使青少年交往角色发生变化。一方面，从被动参与者转变为主动创造者。传统社会交往里，青少年多遵循既定规则模式，处于被动地位；如今在数字时代，他们通过制作短视频、撰写网络文章、设计表情包等，主动参与社交内容生产。这些原创内容展示个性才华，吸引关注互动，让他们在社交中更为主动。另一方面，实现多重角色的塑造与切换。数字平台给予青少年塑造多重角色的契机，他们能依据不同社交场景和目的，在网络上塑造多样身份形象，如游戏中的冒险者、学习群里的勤奋学生、社交媒体上的潮流达人等。这既满足了青少年多样化的自我表达与社交需求，也助其更好地适应不同社交环境。

（四）交往关系的重构

一是弱关系得到强化，传统社交里青少年社交关系以家人、密友等强关系为主，数字时代使他们能轻易与众多陌生人建立联系，借助社交媒体的关注、点赞、评论等互动，与弱关系对象交流增多、信息传播更广，像青少年在微博关注专家并长期互动，可能建立深入联系，带来更多发展机会。二是关系流动性增强，网络社交便捷低成本，青少年可随时添加或删除好友、进出社交圈子，虽能灵活调整社交网络以适应不同阶段和需求，但也可能致使社交关系浅层化与不稳定。

二、数字时代青少年社会交往模式新变化的影响因素

（一）数字技术的发展

数字技术的飞速发展是推动青少年社会交往模式变化的根本动力。互联网的普及、移动设备的智能化，以及各种数字应用的不断涌现，为青少年提供了前所未有的交往条件。高速稳定的网络连接使即时通信、视频通话等实时互动成为可能，各种社交平台和应用的创新设计满足了青少年多样化的社交需求。例如，虚拟现实和增强现实技术的应用，进一步拓展了青少年的虚拟交往体验，使他们能够身临其境地参与各种社交活动。

同时，大数据和人工智能技术在数字社交中的应用，也深刻影响了青少年的交往模式。大数据分析能够根据青少年的兴趣爱好、社交行为等为他们精准推送交往对象和内容，人工智能聊天机器人则可以随时陪伴青少年交流，这些技术手段改变了青少年获取信息和建立关系的方式。

（二）青少年的心理需求

青少年处于身心发展关键期，有强烈好奇心、求知欲与自我表达欲。数字时代社交环境为其满足心理需求提供广阔空间。在虚拟空间，青少年能自由探索未知、尝试新角色行为，满足对新奇事物的追求；在网上展示才华成就收获点赞、评论和关注，可增强自信与自我认同感，满足自我表达和被认可需求。

此外，数字社交为青少年提供情感宣泄与支持平台。面对学习压力、人际困扰等，他们能在网上向朋友或陌生人倾诉，获不同观点建议，缓解焦虑孤独感，对心理健康发展意义重大。

（三）社会文化环境的变迁

社会发展使文化观念日益多元，社会对青少年行为观念更包容。宽松社

会文化环境鼓励青少年积极表达个性观点，追求多样生活方式。数字时代社交平台为其提供展示个性与多元文化的舞台，他们通过分享文化兴趣、生活方式等，与他人进行跨文化交流互动。

现代社会快节奏生活和流动性增加，现实社交时间空间受限。青少年面临学业压力大、生活节奏快等问题，数字社交成为他们在有限时间内维持和拓展社交关系的重要方式。通过网络，他们可随时随地与朋友保持联系，在忙碌学习生活中满足社交需求。

三、数字时代对青少年社会交往模式产生影响的理论基础

（一）媒介环境学理论

媒介环境学强调媒介作为一种环境，对人类的思维方式、行为模式和社会文化有着深远的影响。在数字时代，新媒体成为青少年生活中不可或缺的一部分，它构建了一个全新的媒介环境。这种环境改变了信息的传播方式和获取途径，进而影响了青少年社会交往的场景、规则和互动方式。例如，社交媒体平台打破了传统交往的时空限制，使得青少年能够随时随地与他人进行交流，这就促使他们的交往模式发生变革。

（二）社会学习理论

社会学习理论认为，个体通过观察、模仿他人的行为来学习和形成自己的行为模式。在数字环境下，青少年接触到大量来自不同背景的信息和人际交往案例。他们通过观察网络上他人的社交行为，如在短视频平台上看到流行的社交互动方式，会不自觉地模仿和吸收，从而塑造自己的社会交往模式。这种基于数字媒介的社会学习过程，加速了青少年社会交往模式的演变。

（三）符号互动理论

符号互动理论强调人们通过符号（如语言、表情、动作）进行互动，赋

予事物意义，并根据这些意义来调整自己的行为。在数字时代，新的符号系统在网络交往中应运而生，如表情包、网络用语。青少年在社会交往中频繁使用这些数字符号，它们成为了青少年表达情感、传递信息和构建身份认同的重要工具。这些新符号的出现和使用，改变了青少年社会交往的符号互动方式，推动了交往模式的演变。

四、数字时代青少年社会交往模式的线上线下对比探究

（一）青少年社交行为：线上线下差异对比

线下社交以面对面的直接交流为主要形式，这种方式具有即时性和直观性。交流双方能够直接观察到对方的面部表情、肢体动作、语音语调等丰富的非言语信息，这些信息能够辅助言语表达，使沟通更加全面、深入。对于青少年而言，在学校的课堂讨论、社团活动等场景中，面对面的交流让他们迅速捕捉同学和老师的态度和意图，及时调整沟通方式。例如在小组合作完成项目时，青少年通过现场交流，能更好地发挥团队协作能力，共同解决问题，达成目标。

与之相对，线上社交借助屏幕实现互动，突破了时间与空间的限制，展现出高度的灵活性。青少年可以在不同地域、不同时间，随时随地与他人进行交流。无论是与远方的亲戚朋友保持联系，还是参加线上兴趣小组讨论，线上社交都为他们提供了便捷的途径。例如，通过在线学习平台的交流社区，身处不同地区的青少年能够实时讨论学习中的难题；借助社交媒体平台，他们可以在课余时间与老友分享校园生活点滴，还能结识新的志同道合的朋友。

1. 交往内容真实性与规范性的不同

线下社交的交往内容通常具有较高的真实性和规范性。在面对面的交流中，青少年的身份明确，行为受到现实社会规范和道德准则的直接约束。交流内容往往基于真实的校园生活情境和个人经历，并且由于现场的互动压力，他们需要遵循一定的语言规范和社交礼仪，以维持良好的沟通氛围。例如在

学校组织的正式演讲或辩论活动中，青少年需要提供准确、真实的观点和论据，并以规范的语言和方式进行表达，展现自己的素养。

线上社交的交往内容真实性与规范性则呈现出更为复杂的情况。一方面，在网络空间中，青少年可能使用化名或虚拟身份，这在一定程度上为虚假信息的传播提供了空间。部分青少年可能会出于好奇或其他原因，发布一些未经证实的信息。然而，在特定的线上场景下，如线上学习平台、青少年专属的兴趣社群等，为了确保交流的有效性和专业性，青少年也需要遵循相应的规则，保持身份的一致性，提供真实、准确的信息。例如，在参加线上学术竞赛交流时，他们会认真对待交流内容，以真实和规范的态度分享知识和见解。因此，青少年线上社交的交往内容并非全然虚假，同样具有一定程度的真实性和规范性。

2. 对个体影响的区别

线下社交对青少年个体的影响直接而深远。面对面的交流能够给予青少年真实的情感体验，有助于建立深厚的人际关系。在长期的线下交往中，青少年通过与同学、老师、家人等的互动，逐渐形成自我认知，学习社会规则，塑造人格和价值观。例如，在学校的集体生活中，青少年通过与同学、老师的日常交往，不断提升自己的沟通能力、团队协作能力，同时明确自己的兴趣爱好和职业方向。校园中的友谊和师生关系，对他们的性格塑造和心理健康发展有着重要意义。

线上社交对青少年个体的影响则更为复杂多样。一方面，它为青少年带来了前所未有的便捷性和即时性。青少年能够迅速获取海量信息，拓展社交圈子，结识来自不同背景的人。通过在线学习平台，青少年可以随时随地获取知识，提升自己的技能；利用社交网络，他们能够轻松建立新的联系，满足社交需求。例如，一些对特定领域有兴趣的青少年可以通过线上平台找到志同道合的伙伴，共同探讨学习，拓宽视野。另一方面，线上社交也带来了一系列问题。信息过载使得青少年在海量信息中难以筛选出有价值的内容，容易分散注意力；隐私泄露风险增加，可能导致青少年的个人信息被滥用；

长期依赖线上社交还可能影响青少年的现实人际交往能力，对他们的心理健康和社会适应能力构成挑战。例如，过度沉迷线上社交可能使部分青少年在现实生活中变得孤僻，不善于面对面交流。

3. 交往特征的多维度概括

学者们从不同角度对线上社交的特征进行了概括。线上社交具有超时空性，打破了传统社交在时间和空间上的限制，使青少年能够随时随地与他人交流。他们可以在课余时间与远在千里之外的朋友畅聊，不受时间和地域的束缚。线上社交具有符号性，交往主要通过文字、图像、表情等符号进行，这些符号成为青少年表达情感和传递信息的重要手段。例如，他们常用一些特定的网络表情和流行语来表达自己的心情和想法。线上社交呈现扩张性，青少年的社交圈子可以在网络空间中迅速扩大，结识更多的人。通过各种社交平台，他们能够接触到不同地区、不同背景的同龄人，丰富自己的社交体验。线上社交带有模糊性，由于虚拟身份的使用和信息的有限性，交往对象之间的关系和信息往往不够清晰明确。青少年在网络上交友时，可能对对方的真实情况了解有限，存在一定风险。线上社交具有间接性，交流通过屏幕进行，缺乏面对面的直接接触。这使得青少年在交流时无法像线下那样获得全面的信息。线上社交还具备工具性，青少年常常将线上社交作为满足特定需求的工具，如获取学习资料、参加兴趣活动等[①]。缪晓雷将线上社交的核心特征概括为“时空缺场”，突出了网络空间交往不受时间和地点限制的本质特点[②]。

线下社交则与之相对，具有较强的时空局限性，依赖于实际的物理空间和特定的时间。青少年线下社交主要集中在学校、家庭和周边社区等特定场所，活动时间也相对固定。线下社交交往以真实的个体为基础，较少依赖符号化的表达。青少年在面对面交流时，更注重直接的情感传递和互动。线下

① 陈晓强，胡新华. 从社会学视角解析虚拟社会交往［J］. 山西高等学校社会科学学报，2003（9）：22-25.

② 缪晓雷. 互联共信：数字时代的线上社会资本与普遍信任［J］. 开放时代，2023（6）：102-116，8.

社交圈子的扩张相对缓慢，受到地域、社交活动范围等因素的限制。例如，青少年在学校的社交圈子主要局限于同学和老师，拓展新的社交关系相对困难。线下社交人际关系相对明确，交往过程直接而真实。青少年在现实生活中的社交互动，能让他们更直观地感受他人的情感和态度。

4. 群体特征的差异

线上社交在不同群体中呈现出多样的特征，青少年群体也不例外。在性别方面，研究表明，女性青少年相较于男性青少年更倾向于将网络作为满足工具性需求的手段，如通过网络获取学习资料、参加线上兴趣课程等。在地域方面，城市青少年更倾向于通过线上社交来满足心理性需求，如寻求情感支持、缓解学习压力；而农村青少年可能更多利用线上社交了解外部世界，获取信息资源。从教育程度来看，教育程度较高的青少年，其工具性需求更大，更善于利用线上社交进行知识交流、参加学术讨论等，以提升自己的能力；年龄方面，随着年龄增长，青少年对线上社交的心理性需求逐渐变化，年龄稍大的青少年可能更注重通过线上社交拓展人脉，为未来发展做准备，而年龄较小的青少年则更多是出于娱乐和交友目的[①]。

线下社交中，不同群体的交往特征也存在差异，青少年同样受到现实生活中的社会角色、地域文化、社交圈子等因素的影响。例如，不同学校、不同班级的青少年，由于学习氛围和社交环境的不同，在社交场合的话题和行为方式有所不同；不同地域的文化习俗会影响青少年线下社交的礼仪和偏好，如一些地区的青少年在社交中更注重传统礼仪，而一些地区则更加开放自由。

5. 线上线下社交相互关联、影响

尽管线上社交与线下社交存在诸多差异，但二者并非相互独立，而是相互关联、相互影响，这在青少年群体中表现得也很明显。线上社交往往以线下社交为基础，青少年在线上的交往动机大多源于现实需求，如自我提升、

---

① 田丽，安静. 网络社交现状及对现实人际交往的影响研究［J］. 图书情报工作，2013，57（15）：13-19.

发展共同兴趣[①]。他们在现实生活中的社交关系也常常延伸到线上，通过线上平台进一步加强联系。例如，在学校里建立的同学友谊，会通过线上社交平台得到进一步巩固，大家会在线上分享学习心得、生活趣事等。

同时，线上社交也可以为线下社交提供新的契机，通过线上交流，青少年可能发现共同的兴趣爱好或现实需求，从而促使线下见面交流，将线上关系转化为线下关系。例如，一些青少年在线上参加了某个兴趣小组，经过一段时间的交流后，大家决定线下见面组织活动，进一步加深彼此的了解。因此，线上社交在一定程度上可以被视为现实社交的“延伸”和“复现”[②]，二者共同构成了青少年丰富多样的社交生活。

简而言之，线上社交与线下社交在交往方式、交往内容、对个体的影响、交往特征，以及群体特征等方面存在显著差异，同时又紧密相连。深入理解二者的特征及相互关系，有助于更好地引导青少年在不同的社交场景中实现有效的沟通和良好的人际关系构建，促进他们健康成长和全面发展。

（二）线上社交和线下社交的关系

线上社交与线下社交已成为青少年社交生活中不可或缺的两种模式，它们之间的关系复杂且微妙。为了透彻理解这一关系，对相关文献进行了梳理，总结出四种具有代表性的理论观点，这些观点在探讨线上线下社交关系时，也深刻影响着对青少年社交状况的认知。

相互独立论认为，线上社交与线下社交各自独立运行，互不干扰。从青少年的角度来看，在这种观点下，青少年线上社交所接触的对象和线下社交的对象往往截然不同。例如，青少年在网络游戏中结识的朋友，和在学校里的同学几乎没有交集。线上社交的蓬勃发展，对于青少年线下真实的社交生活而言，既不会带来明显的积极影响，也不会产生显著的消极作用。就像

① 田丽，安静. 网络社交现状及对现实人际交往的影响研究［J］. 图书情报工作，2013，57（15）：13-19.

② 戚攻. 网络社会——社会学研究的新课题［J］. 探索，2000（3）：87-89.

Franzen（2010）所指出的，线上社交与线下社交宛如两个平行的世界，各自遵循独特的规则与逻辑[①]。Uslaner 的研究也进一步佐证，互联网的使用并不会直接为青少年创造社会关系或信任，这些对于青少年成长至关重要的要素，依旧依赖于线下真实的人际交往[②]。例如，青少年在学校与同学面对面相处，通过共同参与班级活动、互相帮助等线下互动，才能真正建立起深厚的友谊和信任。

时间替代论却持有相反看法。该理论指出，互联网的广泛应用使青少年过度沉浸在虚拟世界中，从而大量挤占了他们原本用于面对面交流以及参与现实社会公共事务的时间。对于青少年来说，这种时间分配的改变，不仅降低了他们线下交往的频率，还影响了交往质量，甚至可能导致他们与现实中的亲朋好友关系逐渐疏远。像陈世华和黄盛泉的研究就表明，随着青少年对互联网使用的增加，他们与同学、家人面对面交流的时间减少，线下社交活动的参与度降低，现实人际关系受到了一定程度的冲击[③]。例如，有些青少年花费大量时间在网络社交平台上，忽略了与身边同学在课间的交流互动，原本亲密的同学关系也因此变得有些淡薄。

补偿效应论则着重强调了互联网对青少年社交的积极意义。互联网的非面对面、非即时性技术特性，为青少年提供了更多与他人建立联系的契机。借助互联网，青少年能够跨越地理和时间的限制，轻松地与志同道合的伙伴结识，进而增加人际互动的频率，拓展线下交往的范围。例如，热爱绘画的青少年可以通过线上绘画社区，与来自不同地区的绘画爱好者交流心得，之后还可能在线下组织绘画活动，进一步加深彼此的友谊。吴新慧和陈云松的研究证实，互联网不仅没有取代青少年的线下社交，反而起到了积极的补充

① Franzen A. Social Capital and the Internet：Evi dence from Swiss Panel Data [J]. Kyklos，2010，56（3）：341.

② Uslaner E M. Trust，Civic Engagement，and the Internet [J]. Political Communication，2004，21（2）：223-242.

③ 陈世华，黄盛泉. 分割社会：互联网时代的媒介场域研究 [J]. 南昌大学学报（人文社会科学版）. 2015，46（5）：111-115.

作用，让他们能够接触到更广泛的社交圈子，丰富自身的社交体验[①]。

二者一体论主张线上线下的人际网络本质上是相互融合的。对于青少年而言，线上社交只是技术层面的不同表现形式，其最终对青少年社交产生的作用和影响，都会反馈到现实生活中。刘珂和佐斌的研究发现，青少年在线上社交与线下社交过程中，人际关系的构建和维护存在着紧密的联系与互动[②]。例如，青少年在学校建立的同学友谊，会通过线上社交平台得以进一步巩固和拓展，大家在线上分享学习心得、生活趣事，又会促进线下交流更加深入，形成良性循环。

综上所述，线上社交与线下社交对于青少年而言，它们之间的关系并非单一固定的，而是呈现出丰富的多样性和复杂性。这四种理论观点从不同角度揭示了线上社交与线下社交之间的相互作用和影响，对理解青少年的社交行为和社交关系具有重要意义。然而，鉴于实证研究的丰富性和复杂性，目前关于线上社交与线下社交关系的探讨尚未形成统一的定论。因此，在未来的研究中，有必要持续深入探索二者之间的关系，以便更全面、更深入地了解青少年的社交世界，为引导青少年健康社交提供有力支持。

五、应对数字时代青少年社会交往模式新变化的策略

数字时代为青少年的社会交往模式带来了深刻的新变化，这些变化既带来了前所未有的机遇，也带来了诸多挑战。在机遇方面，数字社交拓展了青少年的视野和知识获取渠道，促进了他们的个性发展与自我实现，同时增强了他们的社交能力和社会适应能力。然而，不可忽视的是，现实社交能力退化及价值观冲突与误导也对青少年的健康成长构成了威胁。为了应对这些挑战，需要采取以下策略。

---

① 吴新慧，陈云松．在线沟通对青年人际关系的影响［J］．青年研究，2019（2）：38-49，95．

② 刘珂，佐斌．网络人际关系与现实人际关系一体论［J］．云南师范大学学报（哲学社会科学版），2014，46（2）：68-74．

（一）促进现实与虚拟社交的平衡发展

鼓励青少年积极参与现实社交活动，培养他们的现实社交能力。学校可以组织丰富多彩的社团活动、社会实践活动等，为青少年提供更多面对面交流和互动的机会。家庭中，家长要引导孩子合理安排网络使用时间，多参与户外活动和家庭聚会，增进与家人、朋友之间的感情。

同时，要引导青少年正确认识虚拟社交与现实社交的关系，让他们明白虚拟社交是现实社交的补充，而不能替代现实社交。帮助青少年将在虚拟社交中获得的技能和经验运用到现实生活中，实现现实与虚拟社交的良性互动和平衡发展。

（二）强化价值观教育与引导

学校和家庭要加强对青少年的价值观教育，培养他们正确的价值判断能力。学校应将价值观教育融入各个学科教学和校园文化建设中，通过课堂教学、主题班会、校园文化活动等多种形式，引导青少年树立正确的世界观、人生观和价值观。家庭中，家长要以身作则，用自己的言行影响孩子，传递积极向上的价值观。

此外，社会各界要营造良好的文化氛围，传播正能量。媒体应发挥舆论引导作用，宣传正面的价值观和典型事例，为青少年树立榜样。网络平台要加强内容建设，推出更多符合青少年身心发展特点、具有教育意义的优质内容，引导青少年在健康的网络环境中成长。

为了引导青少年在数字时代进行健康、积极的社会交往，学校、家庭、社会和政府应形成合力，不断创新教育和引导方式，以应对新出现的问题和挑战。

第三节　模式演变：青年大学生社会交往模式的融合发展与实践启示

数字技术的飞速发展，如互联网、智能手机、社交媒体等，正以前所未有的方式重塑着人们的生活与社会交往。青少年作为数字时代的主力军，其社会交往模式发生了显著变化。这些变化不仅影响着青少年自身的成长与发展，也为与之年龄相近、在社会交往方面有诸多共性的大学生提供了值得深入研究和借鉴的经验。深入剖析数字时代青少年社会交往模式的演变特征，并探寻其对大学生的启示，对于理解和引导当代青年在数字化环境中的社会交往行为具有重要意义。

一、青少年与大学生社会交往的相似性与大学生面临的独特问题

（一）青少年与大学生社会交往的相似性

1. 年龄与心理特征相近

青少年和大学生处于人生发展的相近阶段，在心理上都具有较强的好奇心、探索欲和自我表达欲望。他们都渴望融入群体，获得他人的认可和尊重，在社会交往中注重情感交流和个人兴趣的满足。这种年龄和心理特征的相近性，使得他们在社会交往模式上有一定的共性，青少年社会交往模式的变化对大学生具有一定的参考价值。

2. 数字技术使用习惯相似

青少年和大学生都是数字时代的主力军，对数字技术的接受程度和使用频率都很高。他们熟练掌握各种数字工具和社交媒体平台，通过网络进行学习、娱乐和社交活动。相似的数字技术使用习惯，决定了他们在数字环境下的社会交往模式也存在相似之处，都受到数字技术带来的各种影响。

（二）大学生面临的独特问题

1. 社交压力与适应问题

进入大学后，大学生面临着全新的社交环境，需要建立新的人际关系网络。与高中相比，大学的社交范围更广，人际关系更加复杂，这给大学生带来了较大的社交压力。一些大学生可能在适应新的社交环境方面存在困难，

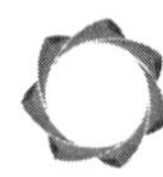

不知道如何与不同背景的同学相处，容易产生孤独感和社交焦虑。

2. 学业与社交的平衡问题

大学生肩负着学业任务，同时又渴望丰富的社交生活。然而，如何在学业和社交之间找到平衡是一个普遍面临的问题。过度投入社交可能导致学业成绩下降，而过于专注学业又可能错过一些社交机会，影响个人的全面发展。因此，大学生需要掌握有效的时间管理和社交策略，以实现学业与社交的良性互动。

3. 网络社交与现实社交的冲突

虽然大学生在网络社交方面游刃有余，但网络社交与现实社交之间的冲突也逐渐显现。一些大学生在网络上表现活跃，但在现实生活中却不善于面对面交流，出现社交退缩现象。此外，网络社交中的虚假信息和不良行为也可能影响大学生对现实社交的认知和态度，导致社交信任危机。

二、青少年社会交往模式变化对大学生的借鉴与启示

（一）积极拓展社交空间，丰富社交体验

大学生可以借鉴青少年拓展交往空间的方式，积极利用数字平台和线下活动，扩大自己的社交圈子。一方面，通过参加各种线上学术交流群、兴趣小组等，与不同地区、不同专业的人建立联系，拓宽知识视野和人脉资源。另一方面，积极参与学校组织的社团活动、社会实践等线下活动，在现实中结识志同道合的朋友，丰富社交体验。同时，要注重线上线下社交的融合，将网络上的交流延伸到现实生活中，加深彼此的了解和信任。

（二）灵活运用多样化交往方式，提升沟通能力

大学生应灵活运用即时通信和异步交流等方式，依据不同社交情境和对象选择合适的沟通方式。重要交流讨论可用异步交流，给予充分思考时间；分享生活琐事和情感时，即时通信更便捷。还要充分利用多媒体互动方式，

提高沟通趣味性和效果，如在制作学习汇报PPT时加入生动图片和视频元素，更好展示内容并增强与同学、老师互动。

（三）主动塑造积极社交角色，增强自我认同

大学生应在社交中主动塑造积极角色。大学环境多元，要发挥自身优势特长，积极参与社交活动展示个性才华。如擅长写作的参与学校文学社团发表作品，有组织能力的担任学生干部组织活动。在不同社交场景扮演积极角色，大学生能增强自我认同、提高自信，吸引志同道合的朋友，建立良好人际关系。

（四）理性看待社交关系，注重关系质量

面对社交关系的重构，大学生需要理性看待。一方面，要善于利用数字平台拓展弱关系，获取更多的信息和资源，但也要避免过度追求数量而忽视质量。在与弱关系对象互动时，要注重真诚和价值的传递，建立有意义的联系。另一方面，要珍惜和维护强关系，如与家人、亲密朋友保持密切的沟通和联系。同时，要学会处理社交关系中的冲突和矛盾，提高人际交往的能力和情商，营造和谐、稳定的社交环境。

（五）加强自我管理，平衡学业与社交

针对学业与社交的平衡问题，大学生可以从青少年的时间管理和自我管理中汲取经验。制订合理的学习和社交计划，明确不同阶段的重点任务。例如，在考试周要适当减少社交活动，集中精力备考；而在课余时间，可以积极参与社交活动，放松身心。同时，要提高自我约束能力，避免沉迷于网络社交而影响学业。可以设定每天使用社交媒体的时间限制，将更多的时间和精力投入到学习和个人成长中。

（六）正确处理网络社交与现实社交的关系

大学生要认识到网络社交和现实社交各有优势，应相互补充。在享受网

络社交便捷性的同时，不能忽视现实社交的重要性。要积极参与现实生活中的人际交往，提高面对面沟通和解决问题的能力。同时，要提高网络社交的素养，辨别网络信息的真伪，避免受到不良信息的影响。在网络交往中保持真诚和礼貌，树立良好的网络形象，将网络社交作为现实社交的有益延伸，共同促进个人的全面发展。

第四章　数字鸿沟影响青年大学生沟通技能的现实表征

数字鸿沟在当代大学生中造成了显著的沟通技能差异，那些能够轻松驾驭数字技术的学生，在沟通中往往展现出更强的表达力和更广泛的连接性，而技术掌握不足的学生则可能因信息获取受限和社交渠道狭窄，导致沟通时显得较为被动和局限，这一现实差距正深刻影响着大学生的社交能力和个人发展。面对这一现状，如何跨越数字鸿沟，提升大学生的沟通技能，成为亟待解决的重要问题。这不仅关乎大学生个人的成长与发展，也关系到营造良好校园沟通氛围和促进教育公平等重要方面。

第一节　信息获取：信息获取差异的形成机制与沟通效能优化

在当今信息爆炸的时代，信息获取能力对于个人的发展至关重要，尤其对于正处于知识积累和能力塑造关键时期的大学生而言。信息获取不仅影响着他们知识体系的构建，更对其沟通技能的培养与提升有着深远的影响。然而，数字鸿沟的存在使得不同大学生在信息获取方面面临着截然不同的境遇，进而在沟通技能的发展上产生了显著差异。深入探讨数字鸿沟在信息获取层面如何影响大学生沟通技能，有助于揭示这一复杂现象背后的机制，为改善大学生沟通教育、促进教育公平提供理论支持和实践指导。

一、信息获取对大学生沟通技能的重要性

信息获取对大学生沟通技能至关重要。首先，丰富沟通内容储备，信息作为沟通基础素材，大学生广泛获取信息可积累多领域知识，在交流时有更多话题，能多角度阐述观点，如讨论国际局势时，关注国际新闻等的学生可深入对话。其次，提升沟通表达能力，接触多样信息来源和表达方式，能让大学生学习不同语言风格与技巧，通过模仿实践使表达更清晰、准确、生动，增强说服力和感染力。再次，培养批判性思维与沟通技巧，信息获取时对海量信息筛选、分析、判断，培养批判性思维，助其在沟通中理解对方观点，有效交流思想，提升沟通质量。最后，增强沟通的适应性，广泛获取信息让大学生了解不同文化背景和群体的沟通习惯、价值观，面对不同情境灵活调整策略，避免文化差异带来的误解，实现顺畅有效沟通。

二、数字鸿沟下大学生信息获取的差异

（一）信息获取渠道的差异

1. 多元与单一的对比

拥有更多资源和技术支持的大学生，信息获取渠道多元化。他们能利用学校图书馆丰富的纸质和电子资源，通过专业数据库、在线学术平台获取高质量学术信息。日常资讯获取方面，订阅多个权威新闻媒体平台，包括国内外知名报纸、电视台在线频道及各类专业行业资讯网站。社交媒体平台也是重要渠道，通过关注各领域专家、学者和意见领袖，及时了解最新行业动态和前沿观点。

然而，受数字鸿沟影响的大学生，信息获取渠道相对单一。他们可能主要依赖学校图书馆有限的藏书和免费的网络资源，对于需要付费或权限较高的专业数据库和学术平台难以接触到。在新闻资讯获取上，可能仅通过少数几个大众熟知的免费新闻网站，信息来源较为局限。社交媒体的使用也相对

较少，无法充分利用这一平台拓展信息获取的范围。

2. 新兴渠道的接触差异

随着信息技术的不断发展，一些新兴的信息获取渠道逐渐兴起，如知识付费平台、在线公开课、虚拟现实（VR）和增强现实（AR）学习资源等。优势群体的大学生往往能够迅速接触并利用这些新兴渠道，通过在知识付费平台购买专业课程，深入学习自己感兴趣的领域知识；借助在线公开课，聆听国内外顶尖高校教授的精彩授课，拓宽知识视野。而处于数字鸿沟劣势的大学生，由于缺乏相关的信息和技术支持，对这些新兴渠道了解甚少，更难以从中获取有价值的信息。

（二）信息获取工具的差异

1. 先进与落后的设备差距

在信息获取工具方面，数字鸿沟导致大学生之间存在明显的设备差异。条件优越的大学生通常配备高性能的电脑、平板电脑和智能手机等设备，这些设备具有快速的处理器、大容量的存储和高分辨率的屏幕，能够流畅地运行各种信息获取软件和应用程序。

相比之下，部分大学生由于经济条件限制，只能使用配置较低、性能落后的设备，限制了他们获取信息的质量和数量。

2. 软件应用能力的高低之分

除了硬件设备，软件应用能力也是影响信息获取的重要因素。优势群体的大学生经过系统的数字技能培训和实践锻炼，熟练掌握各种信息获取软件和工具的使用方法。他们能够运用专业的搜索引擎技巧，在海量的网络信息中精准地找到所需内容；掌握数据挖掘和分析软件，从复杂的数据中提取有价值的信息。同时，他们还善于利用各种信息管理软件，对获取到的信息进行分类、整理和标注，方便后续的查询和使用。

处于数字鸿沟另一端的大学生，因缺乏相关培训和实践机会，软件应用能力较弱。他们可能仅会使用普通搜索引擎和常见办公软件等基本信息获取

工具，对更高级、专业软件工具知之甚少，难以充分发挥这些工具在信息获取方面的优势，导致面对复杂信息需求时无法高效获取和处理信息。

三、信息获取差异对大学生沟通技能的具体影响

（一）沟通话题的广度与深度

在沟通话题的广度与深度方面存在明显差异。信息获取广泛、储备丰富的大学生，沟通时能驾驭各类话题，广度上可从科技前沿到历史文化、从国际政治到社会热点，深度上讨论专业话题能结合最新成果剖析本质与趋势，促进深入交流。相反，信息获取受限的大学生话题匮乏，多局限于日常琐事和大众话题，专业或前沿领域了解不足，易冷场，限制沟通质量。在知识更新与话题跟进上也有差距，信息获取及时的大学生能紧跟时代，迅速引入新鲜话题，如讨论电影时能掌握最新资讯展开热烈讨论；而信息获取滞后的大学生跟不上话题节奏，对热门话题无知或了解陈旧，失去话语权，降低沟通积极性。

（二）沟通表达的准确性与逻辑性

在沟通表达的准确性与逻辑性方面，两类大学生表现不同。拥有丰富信息储备和良好筛选能力的大学生，沟通表达更准确、逻辑严密。能从大量信息中提取要点，用清晰简洁语言组织观点，以丰富事例和数据支撑论证，如课堂发言或小组讨论时逻辑清晰、层次分明。且因信息来源广泛可靠，对概念术语理解准确，能恰当表达复杂思想。而信息获取不足的大学生存在表达缺陷，表达观点缺乏事例数据支撑，阐述问题思路混乱、逻辑不连贯，如回答问题或参与讨论时语无伦次。对信息理解不深不准，使用概念术语易出错，影响沟通效果与自身自信。

（三）倾听与反馈能力

在倾听与反馈能力方面，信息获取丰富的大学生表现出色。他们因对各

类话题广泛了解，倾听时能迅速理解对方观点意图、把握重点，还能多角度分析思考，凭借知识储备给出针对性问题与建设性意见，反馈丰富且有独特见解，让沟通更深入有价值，如学术交流和同学互动时都能良好表现。而信息获取受限的大学生面临挑战，因对话题了解不足，倾听易跟不上思路、理解困难，反馈多为表面回应，实质内容匮乏，像专业讨论时就表现不佳。这不仅影响沟通质量，不利自身知识吸收与能力提升，还可能被边缘化，难以建立良好互动关系。

四、信息获取差异对大学生沟通技能影响的连锁反应

信息获取能力和沟通技能对大学生在学业成绩、社交关系和职业发展方面影响显著。信息获取能力强的大学生学业表现出色，能通过广泛渠道获取学习资源，完成作业、考试时展现专业知识与创新思维，取得优异成绩；在社交中更受欢迎，凭借丰富话题储备和沟通技巧拓展社交圈；职业发展上更具竞争力，能了解行业招聘信息，求职时展示优势，工作中有效沟通获更多机会。而信息获取受限、沟通能力弱的大学生，学业上因资源不足易遇困难，成绩不理想，影响学习信心动力；社交中难以融入群体，产生负面情绪，形成恶性循环；职业发展面临挑战，求职易错过岗位，工作中沟通不畅影响效率质量，限制晋升空间。

第二节　思维方式：数字化思维的离散特征与心智建构路径

一、信息选择与聚焦思维的分化

在当今数字化浪潮中，大学生群体因数字技术接入和使用能力的差异，在信息选择与聚焦思维方面呈现出明显分化，深刻影响着他们的沟通技能。

对于那些能够充分利用数字资源的大学生而言，丰富的信息渠道使他们

面临海量信息的包围。在这个信息爆炸的环境中，他们逐渐培养出一种敏锐的信息筛选能力，形成了以目标为导向的聚焦思维。例如，在准备学术论文时，他们熟练运用专业数据库、学术搜索引擎等工具，根据研究主题迅速筛选出相关度高、权威性强的文献资料。在浏览社交媒体、资讯平台时，也能快速捕捉到与自身兴趣和需求相关的信息，将注意力集中在关键内容上。这种聚焦思维在沟通中表现为能够精准地表达观点，围绕核心问题展开论述。在课堂讨论或小组项目交流中，他们能够紧扣主题，清晰地阐述自己的见解，提供有针对性的论据支持，使沟通高效且富有成效。

与之相反，受到数字鸿沟限制的大学生，由于信息获取渠道有限，往往缺乏对海量信息进行筛选和聚焦的训练。面对相对匮乏的信息资源，他们难以形成明确的信息选择标准和聚焦思维模式。在沟通场景中，这部分学生可能表现出思维的分散性。例如，在讨论问题时，容易偏离主题，提及一些与核心话题关联不大的内容，导致沟通方向不明确，效率低下。他们可能无法迅速抓住问题的关键要点，在表达观点时缺乏清晰的逻辑主线，使得听众难以理解其核心意图，影响沟通的效果和质量。

这种信息选择与聚焦思维的差异，不仅在学术交流中造成了明显的差距，在日常社交沟通中也有所体现。具备良好聚焦思维的学生能够在各种话题之间灵活切换，始终保持清晰的表达和有效的沟通；而信息选择能力较弱的学生则可能在交流中迷失方向，难以给对方留下深刻且准确的印象，进而影响他们在社交中的自信和沟通技能的进一步发展。

二、逻辑构建与推理思维的不同发展

数字技术的使用差异导致大学生在逻辑构建与推理思维发展上出现不同路径，进而在沟通技能上展现出显著区别。

经常借助数字工具进行学习和交流的大学生，有更多机会接触到多样化的知识结构和思维模式。数字平台上丰富的在线课程、学术讲座，以及互动式学习资源，促使他们不断拓展思维边界，锻炼逻辑构建和推理能力。例如，在参与线上编程竞赛或数学建模活动时，他们需要运用严谨的逻辑思维，将复杂的问题分解为多个子问题，通过建立模型、推导算法来解决问题。这种训练使他们在沟通中能够运用清晰的逻辑框架来组织语言，从前提条件到结论推导，环环相扣，让人易于理解。在阐述观点时，他们会先提出明确的论点，然后有条理地列举论据进行论证，通过合理的推理过程得出结论，展现出较强的逻辑说服力。

而受数字鸿沟影响，较少接触先进数字学习资源的大学生，在逻辑构建和推理思维的训练方面相对不足。传统的学习方式可能更多侧重于知识的记忆，而缺乏对逻辑思维深度和广度的拓展。在沟通中，他们可能在表达观点时缺乏清晰的逻辑脉络，论据与论点之间的关联性不够紧密，推理过程不够严谨。例如，在课堂发言或小组讨论中，他们可能只是简单地罗列一些观点和事实，却无法将其有机地整合起来，形成一个完整、连贯的论述，导致听众难以跟上其思路，理解其想要表达的核心观点。

这种逻辑构建与推理思维的差异，在大学生的书面沟通和口头沟通中都有明显体现。逻辑思维能力强的学生在撰写论文、报告时，结构清晰、论证有力；在演讲、辩论等口头表达场景中，也能凭借严密的逻辑赢得听众的认可。而逻辑思维发展相对滞后的学生，无论是书面作业还是口头交流，都可能因逻辑问题而影响信息的有效传递，限制了他们在学术和社交领域的沟通效果。

三、创新思维激发与抑制的反差

数字技术为大学生创新思维的激发提供了广阔的空间，但数字鸿沟使得不同大学生群体在这方面呈现出鲜明的反差，进而影响到他们的沟通技能。

处于数字技术前沿的大学生，通过参与各种数字化创新活动，如创新创业大赛、开源项目合作等，接触到来自全球的创新理念和技术应用。数字平台打破了地域和时间的限制，使他们能够与不同背景的人交流合作，碰撞出创新的火花。在这个过程中，他们的创新思维得到极大激发，敢于突破传统

思维的束缚，提出新颖独特的观点和解决方案。例如，在设计一款基于人工智能的校园服务应用时，他们能够结合用户需求和前沿技术，提出创新性的功能模块和交互设计，为校园生活带来便利。在沟通中，这些学生充满自信地分享自己的创新想法，能够用生动形象的方式描绘出创新成果的愿景和价值，吸引他人的关注和支持，激发团队成员的创造力和合作热情。

然而，由于数字鸿沟的存在，部分大学生缺乏参与数字化创新活动的机会和资源。他们的学习和生活环境相对传统，接触到的信息和观念较为保守，创新思维的发展受到抑制。在沟通中，这部分学生可能更倾向于遵循常规思路，难以提出具有创新性的观点。当面对需要创新解决方案的问题时，他们往往显得束手无策，在与他人交流时也无法为讨论注入新的活力和创意。例如，在小组创意项目中，他们可能习惯于按照已有的模式和方法进行工作，难以提出突破性的想法，导致项目缺乏亮点和竞争力，影响团队内部的沟通氛围和整体成果。

这种创新思维激发与抑制的反差，在大学生的团队合作、学术研究，以及职场实践等多个领域的沟通中都有显著体现。创新思维活跃的学生能够引领沟通方向，推动合作向更高层次发展；而创新思维受限的学生则可能在沟通中逐渐处于被动地位，无法充分发挥自己的潜力，影响个人的成长和发展。

四、批判性思维的培育与缺失

数字技术的多元性为大学生批判性思维的培育提供了契机，但数字鸿沟导致部分大学生在批判性思维发展上出现缺失，这在沟通技能方面有着明显的现实表现。

熟练运用数字技术的大学生，在海量信息的冲击下，不得不学会对信息进行批判性审视。他们通过参与在线学术讨论、社交媒体话题辩论等活动，接触到各种不同的观点和立场，从而培养了批判性思维能力。

然而，由于数字技术应用的不足，部分大学生缺乏对信息进行批判性思考的训练和环境。他们往往将所获取的信息视为绝对真理，缺乏质疑精神和独立思考能力。在沟通中，这部分学生可能表现出对权威观点的过度依赖，难以提出自己的见解。

这种批判性思维的培育与缺失，在大学生的学习、社交和未来职业发展中都具有重要影响。具备批判性思维的学生能够在沟通中不断提升自己的认知水平，与他人建立起富有成效的交流关系；而批判性思维缺失的学生则可能在信息洪流中迷失方向，在沟通中难以展现出独立的见解和深入的思考，影响自身综合素质的提升和职业竞争力的发展。

五、系统思维的形成与碎片化

数字技术的系统性应用有助于大学生系统思维的形成，但数字鸿沟使得部分大学生在这方面出现思维碎片化的问题，对他们的沟通技能产生了负面影响。

能够充分利用数字技术进行学习和实践的大学生，有机会参与到各种复杂的数字化项目和系统中。例如，在学习企业资源规划系统、参与大型软件开发项目时，他们需要从整体上把握系统的架构、功能模块，以及各部分之间的相互关系，从而培养了系统思维能力。

然而，受到数字鸿沟限制的大学生，由于数字资源的有限性和使用的不充分性，往往接触到的是碎片化的信息和孤立的知识点。他们缺乏将这些零散信息整合起来，形成系统认知的机会和能力。在沟通中，这种碎片化思维表现为表达的零散性和片面性。

这种系统思维的形成与碎片化的差异，在大学生的学术研究、项目实践，以及日常交流中都有明显体现。具备系统思维的学生能够更好地组织和表达自己的观点，与他人进行高效的沟通与协作；而思维碎片化的学生则可能在沟通中陷入混乱，无法准确传达自己的想法，影响沟通的效果和效率，进而制约他们在学习和生活中的发展。

六、情境适应性思维的差异与沟通表现

数字技术的广泛应用为大学生提供了多样化的沟通情境，不同大学生群体因数字鸿沟在情境适应性思维方面存在差异，这在他们的沟通行为中有着显著表现。

数字技术使用熟练的大学生，频繁穿梭于线上线下多种沟通情境中，如视频会议、在线论坛、面对面交流等。这种多元的沟通环境促使他们快速适应不同情境的要求，形成了较强的情境适应性思维。在面对不同的沟通对象和场景时，他们能够迅速调整自己的沟通方式、语言风格和表达重点。

相比之下，受数字鸿沟影响的大学生，由于接触的沟通情境相对单一，缺乏在不同情境下进行沟通的锻炼，情境适应性思维发展不足。当面临新的沟通情境时，他们可能会感到无所适从，无法及时调整自己的沟通策略。

这种情境适应性思维的差异，在大学生的跨文化交流、职场实习，以及各类社交活动中都有明显体现。具备良好情境适应性思维的学生能够更好地融入不同的沟通环境，与各种人群建立良好的沟通关系；而情境适应性思维较弱的学生则可能在沟通中遇到各种障碍，限制了他们的社交范围和职业发展机会。

七、思维可视化能力的高低分化

数字技术为思维可视化提供了丰富的工具和手段，但数字鸿沟使得大学生在思维可视化能力上出现高低分化，这在他们的沟通技能方面有着不同的体现。

熟练掌握数字技术的大学生，能够运用各种软件和工具将自己的思维过程和观点以可视化的方式呈现出来。例如，他们使用思维导图软件来梳理复杂的知识体系和逻辑关系，通过流程图展示问题解决的步骤和流程，利用数据可视化工具将抽象的数据转化为直观的图表。

然而，由于数字技术应用的不足，部分大学生缺乏对思维可视化工具的了解和使用能力，思维可视化能力较弱。在沟通中，他们更多地依赖传统的文字和口头表达，难以将复杂的思维过程和信息以直观的方式呈现给对方。例如，在解释一个复杂的概念或方案时，可能需要花费大量的时间和精力用语言进行描述，却仍然让听众感到困惑。相比之下，那些能够运用思维可视化工具的学生可以通过简单的图形和图表，在短时间内传达相同的信息，使沟通更加直观、高效。这种思维可视化能力的差异，在大学生的小组合作、学术交流，以及职场沟通等场景中都有明显体现。思维可视化能力强的学生能够更好地展示自己的思维成果，促进与他人的沟通和合作；而思维可视化能力弱的学生则可能在沟通中处于劣势，影响信息的传递和交流效果。

简而言之，数字鸿沟在思维方式层面给大学生沟通技能带来了多方面的现实表现差异。这些差异不仅影响着大学生在校园生活中的学习、社交和个人成长，也对他们未来的职业发展和社会适应能力产生深远影响。因此，缩小数字鸿沟，提升大学生整体的思维能力和沟通技能，是当前教育领域和社会各界需要共同关注和努力解决的重要问题。

第三节　社交方式：多平台社交的异质性特征与互动模式创新

在数字时代，社交方式发生了翻天覆地的变化，大学生作为数字时代的主力军，其社交行为深受数字技术的影响。然而，数字鸿沟的存在使得不同大学生群体在社交方式上呈现出显著差异，进而对他们的沟通技能产生了多维度的影响。深入剖析这些影响的现实表现，对于全面理解大学生社交与沟通状况、促进大学生健康社交与有效沟通具有重要意义。

一、社交平台选择与使用频率差异

（一）主流社交平台的偏好

数字资源丰富的大学生往往能够紧跟社交潮流，熟练掌握并频繁使用多

种主流社交平台。例如，他们热衷于使用微信、微博、抖音等综合性社交平台，这些平台功能多样，集文字、图片、视频等多种传播形式于一体。通过微信，他们可以便捷地与同学、老师、家人保持日常联系，进行群组讨论、文件传输等；在微博上，能够实时关注社会热点、明星动态，参与话题讨论，拓展信息视野；抖音则为他们提供了展示自我才华、分享生活趣事的创意平台，通过制作和发布短视频，吸引关注和互动。

而受数字鸿沟影响，部分数字资源匮乏的大学生可能仅局限于使用一些基础的社交软件，如 QQ。QQ 虽然功能也较为丰富，但在社交潮流的跟进上相对滞后。这些学生受设备性能、网络条件等限制，难以流畅使用其他对技术要求较高的社交平台，导致他们在社交信息获取和社交互动形式上相对单一。

（二）社交平台使用频率

数字技术运用自如的大学生每天花费大量时间活跃在各类社交平台上。他们通过即时通信工具随时与朋友交流，分享生活中的点滴感悟、学习心得，平均每天使用社交平台的时间可达数小时。频繁的互动不仅加深了他们与朋友之间的情感联系，也让他们在不断的交流中锻炼了沟通表达能力。

相比之下，数字资源不足的学生使用社交平台的频率较低。一方面，有限的网络流量和不稳定的网络信号限制了他们的使用时长；另一方面，缺乏对新型社交平台的了解和熟悉，也使得他们在社交互动中缺乏主动性。这种较低的使用频率导致他们在沟通技能的锻炼机会上相对较少，沟通的流畅性和灵活性发展也受到一定程度的阻碍。

（三）线上社交与线下社交的平衡差异

在大学生线上社交与线下社交的平衡方面存在差异。拥有良好数字条件的大学生线上社交活跃，通过社交平台与熟人和陌生人广泛交流，拓展社交深度与广度；在积极投入线上社交的同时，也重视线下社交，能将线上沟通技巧用于线下活动，迅速融入场景，锻炼非语言沟通能力。而数字资源受限的大学生线上社交活动少，深度广度不足，主要与身边熟人简单交流，面对复杂话题或陌生对象沟通能力欠缺；虽可能将更多精力放在线下社交，但因线上预热和信息获取不足错过活动，且面对面交流时紧张不自信，影响效果，导致参与度不高。

二、社交互动形式与沟通风格差异

在社交互动形式与沟通风格方面，数字资源丰富与匮乏的大学生存在差异。数字资源丰富的大学生社交互动形式多样，能融合多种方式，如小组项目通过视频会议远程协作，还善用表情包、短视频等让沟通轻松有趣；而数字资源匮乏的学生互动形式单一，主要是文字交流，因设备网络限制，较少用语音视频通话，新兴互动形式运用不熟练，影响沟通效果。在沟通风格上，数字技术运用熟练的学生语言简洁生动、善用流行语，追求高效，表达观点自信直接；数字资源不足的学生沟通风格相对保守传统，语言平实，节奏慢，面对不同观点犹豫不自信，影响沟通深度。

三、社交角色与社交影响力差异

在社交角色与社交影响力方面，数字资源丰富与匮乏的大学生存在显著差异。数字资源丰富的大学生在社交网络中主动塑造角色，分享有价值的内容吸引关注认可，成为“意见领袖”，积极参与话题讨论、发起活动，发挥核心引领作用，锻炼沟通主动性与主导能力；而数字资源匮乏的学生处于被动地位，较少主动分享或发起话题，存在感低，沟通缺乏自信与积极性。在社交关系维护上，数字资源充裕的学生善用工具定期联系他人，组织线下活动增强情感纽带；数字资源不足的学生因工具平台缺乏，联系少且方式有限，导致关系疏远，维护深度广度不足。在社交关系拓展方面，数字资源丰富的学生借助平台和活跃行为结识不同人才，用沟通技能赢得信任认可；数字资

源匮乏的学生社交渠道有限，难突破圈子，结识新朋友时也因沟通不足影响关系发展。

总之，数字鸿沟在社交方式层面深刻影响着大学生的沟通技能。从上述诸多层面分析，数字资源丰富与匮乏的大学生群体呈现出明显的差异。这些差异不仅影响了大学生当下的社交体验和沟通效果，还可能对他们未来的个人发展和职业发展产生深远影响。

第四节　沟通媒介：新兴沟通媒介的技术张力与数字素养提升策略

在数字化时代，沟通媒介发生了翻天覆地的变化。从传统的书信、面对面交流，迅速发展到以互联网为依托的多种数字媒介。大学生作为数字时代的主力军，其沟通方式深受数字媒介的影响。然而，由于数字鸿沟的存在，不同大学生在接触、使用和掌握这些沟通媒介时面临着不同的境遇，进而对他们的沟通技能产生了复杂且多元的影响。探讨数字鸿沟在沟通媒介层面如何影响大学生沟通技能，不仅有助于深入理解大学生沟通行为的变化，也能为提升大学生沟通素养、缩小数字差距提供理论与实践依据。

一、沟通媒介的数字化变革及其对大学生沟通的意义

（一）沟通媒介的数字化变革历程

随着信息技术的飞速发展，沟通媒介经历了从模拟到数字的重大转变。早期，大学生主要依赖信件、固定电话进行沟通，信息传递速度较慢且形式单一。互联网的普及带来了电子邮件、即时通信工具（如QQ），极大地提高了沟通效率，实现了文字信息的即时传输。随后，社交网络平台如人人网兴起，丰富了大学生的社交沟通场景，他们可以分享照片、日志等多种形式的内容。近年来，移动互联网的发展催生了微信、微博、小红书等新媒体平台，

短视频社交应用如抖音、快手等也迅速崛起，沟通媒介变得更加多样化、便捷化和个性化，大学生可以随时随地通过多种形式与他人进行沟通交流。

（二）数字化沟通媒介对大学生沟通的积极意义

数字化沟通媒介为大学生提供了广阔的沟通空间。它打破了时间和空间的限制，使大学生能够与远在千里之外的同学、朋友、家人保持密切联系。通过各种社交平台，大学生可以结识来自不同地区、不同背景的人，拓宽自己的社交圈子。同时，丰富的媒介形式，如文字、语音、视频、图片，满足了大学生多样化的沟通需求。他们可以根据不同的情境和对象，选择最合适的沟通方式，更加生动、准确地表达自己的想法和情感，提高沟通效果。此外，数字化沟通媒介还为大学生提供了参与公共话题讨论、展示自我才华的平台，有助于培养他们的社会责任感和自我表达能力。

二、数字鸿沟在沟通媒介获取与使用上的体现

（一）硬件设备的差异

数字鸿沟在硬件设备获取方面表现明显。家庭经济条件较好的大学生往往能够拥有最新款、性能优良的智能手机、平板电脑和笔记本电脑等设备。这些高端设备具备更快的处理器、更高清的屏幕和更稳定的网络连接，能够流畅地运行各种沟通类应用程序，为他们提供优质的沟通体验。例如，在进行视频通话时，高清的屏幕和良好的摄像头可以让他们清晰地看到对方的表情和动作，准确传达情感信息。

然而，部分家庭经济困难的大学生可能只能使用配置较低、功能有限的设备。这些设备可能存在运行速度慢、屏幕分辨率低、网络连接不稳定等问题，影响他们正常使用沟通媒介。例如，在参与线上小组讨论时，设备卡顿等问题可能导致发言延迟或声音不清晰，影响沟通效果，甚至使他们在小组讨论中逐渐处于边缘地位，降低参与度。

（二）网络接入的差距

网络接入的质量和稳定性也是数字鸿沟的重要体现。在一些发达地区的高校，校园网络覆盖全面且速度快，学生宿舍、教学楼、图书馆等场所都能提供高速稳定的无线网络。同时，很多大学生还会办理高速的移动数据套餐，确保随时随地都能快速接入网络。这种良好的网络条件使得他们能够顺畅地使用各种实时沟通工具，如进行高清视频会议、参与在线直播互动等，丰富了沟通的形式和内容。

相比之下，一些来自偏远地区或经济欠发达地区的大学生，可能面临网络接入困难的问题。校园网络覆盖不足，或者家庭所在地区网络基础设施薄弱，导致网络信号不稳定、速度慢。在进行线上沟通时，经常会出现卡顿、掉线等情况，严重影响沟通的连贯性和效率。例如，在参加线上学术讲座后的互动环节中，由于网络问题，他们可能无法及时提问或参与讨论，错过与专家交流的机会，限制了知识的获取和思想的碰撞。

（三）媒介使用技能的高低分化

数字鸿沟在媒介使用技能方面也存在显著差异。部分大学生从小就接触各种数字设备和互联网应用，在家庭和学校的引导下，接受了系统的数字技能教育。他们熟练掌握多种沟通媒介的高级功能，如能够运用专业的视频编辑软件制作精美的视频用于社交分享，在社交媒体平台上通过巧妙的文案策划和话题设置吸引大量关注，有效提升自己的沟通影响力。

而另一部分大学生由于成长环境的限制，缺乏数字技能培训的机会。他们对沟通媒介的使用仅停留在基本功能层面，如只会使用微信进行简单的文字聊天和语音通话，不了解如何利用社交媒体平台拓展人脉、参与专业讨论。在面对复杂的沟通场景，如需要制作线上汇报材料、进行网络直播演讲时，往往感到力不从心，无法充分发挥沟通媒介的优势，影响沟通效果和个人发展。

总之，在沟通媒介方面，数字鸿沟对大学生沟通技能造成的影响是极其深远的。随着数字技术的持续发展与迭代，沟通媒介也在不断更新换代。若数字鸿沟不能得到及时有效的缓解，未来大学生之间在沟通技能上的差距可能进一步拉大。这不仅会影响个体在校园生活中的全面发展，还可能对整个社会的人才素质均衡产生不利影响。因此，当下必须高度重视这一问题，积极探索切实可行的解决办法，为大学生创造一个更加公平、有利于沟通技能提升的环境。

第五章　数字时代下大学生沟通技能培养的基本理念

数字时代以信息的高速传播、多元的沟通渠道，以及虚拟与现实交互的社交环境为显著特征。在这个时代，大学生不仅需要具备传统的面对面沟通能力，还需熟练掌握数字化沟通工具，如社交媒体、视频会议软件，以适应不同场景下的信息传递与交流。线上沟通的即时性和跨时空性，要求大学生能够迅速组织语言、准确表达观点，并理解对方意图。同时，虚拟社交中的非言语线索相对减少，需要大学生更加注重文字表达的精准性和情感传递的有效性。此外，面对海量的信息和复杂的网络环境，大学生要学会筛选有价值的信息，辨别信息真伪，避免在沟通中受到误导。而且，数字时代的沟通往往涉及不同文化背景、不同观念的人群，这就对大学生的跨文化沟通能力和包容理解能力提出了更高要求。

第一节　以学生为中心的个性化培养理念：构建与实施策略

一、以学生为中心的个性化培养理念概述

（一）以学生为中心的个性化培养理念的起源与内涵探析

在教育发展的漫长历程中，以学生为中心这一教育理念逐渐兴起并日益

受到关注，其起源与内涵蕴含着丰富的教育思想与实践意义，值得深入剖析。

1. 以学生为中心的个性化理念的起源

以学生为中心的个性化理念的萌芽可追溯至1952年，在哈佛大学教育学院的学术研讨会上，心理学家卡尔·罗杰斯首次提出了这一具有前瞻性的观点。罗杰斯凭借其在心理学领域的深厚造诣，敏锐地洞察到传统教育模式中对学生主体地位的忽视，进而提出以学生为核心的教育主张。这一观点的提出，犹如在教育领域投入了一颗石子，激起了层层涟漪，为后续教育理念的变革埋下了种子。

随着时间的推移，这一理念不断发展演进。1998年，联合国教科文组织在巴黎召开的“世界高等教育大会”成为了该理念发展历程中的重要里程碑。此次大会规模宏大，吸引了来自全球高等教育界、经济界及政府机构的4 000多名代表齐聚一堂。在大会上发布的《21世纪的高等教育：展望和行动》宣言明确指出，高等教育应将学生及其需求置于核心位置，视学生为教育改革的主要参与者和负责人，涵盖参与教育重大问题的讨论、评估、课程及内容改革，以及政策与院校管理等多个方面。这是以学生为中心首次被联合国机构正式文件所采纳，标志着该理念从最初的学术观点逐渐上升为具有权威性的教育指导思想，并在全球范围内获得了教育工作者的广泛认可。这一过程体现了国际教育界对教育本质的深入反思，以及对学生主体地位的重新审视，反映了教育发展顺应时代需求、不断追求进步的趋势。

在我国，以学生为中心的教育思想伴随着主体教育的深入推进和素质教育的全面实施而受到高度重视。随着我国教育改革的不断深化，教育界对传统教育模式的弊端有了更清晰的认识，逐渐意识到学生不应仅仅是知识的被动接受者，而应成为教育过程的积极参与者和主导者。因此，以学生为中心理念在我国教育领域的落地生根，是对教育发展规律的顺应，也是满足社会对创新人才培养需求的必然选择。

2. 以学生为中心的个性化理念的内涵

理念作为精神、意识层面的上位性、综合性结构，是人们经过长期理性

思考及实践所形成的思想观念、精神向往、理想追求和哲学信仰的抽象概括。以学生为中心的教育理念，从本质上讲，是对教育中“人”的因素的高度关注，强调学生在整个教育过程中的核心地位。

从教育目标来看，以学生为中心意味着教育不再仅着眼于知识的传授，而是更加注重学生的全面发展。它追求培养学生具备适应社会发展所需的综合素养，包括但不限于批判性思维能力、创新能力、沟通协作能力，以及自主学习能力等。这种教育目标的转变，体现了对学生个体差异的尊重，旨在满足不同学生的发展需求，帮助他们在各自的兴趣和能力领域实现自我价值。

在教育过程方面，该理念倡导学生积极主动地参与到教育活动中。学生不再是被动地接受教师的教导，而是与教师共同构建教育过程。教师的角色从传统的知识传授者转变为学习的引导者和促进者，通过设计多样化的教学活动，激发学生的学习兴趣和主动性，鼓励学生自主探索知识、发现问题并解决问题。例如，在课堂教学中，教师可以采用小组讨论、项目式学习等教学方法，让学生在互动交流中深化对知识的理解和应用。

从教育管理角度而言，以学生为中心要求学校的管理体制和政策围绕学生的需求和发展来设计和实施。学校应提供完善的学习支持服务，如图书馆资源、心理咨询服务、学业指导等，为学生的学习和成长创造良好的环境。同时，在学校管理决策过程中，应充分听取学生的意见和建议，让学生参与到学校的治理中来，增强他们的归属感和责任感。

办学理念是对学校办学思路与方略的高度概括，是在办学实践中形成的并用以指导学校教育、管理和发展的思想和观念体系。以学生为中心的教育理念深层次地反映了学校的价值取向，它决定了学校的办学思路、发展战略以及师生员工的思想和行为方向。秉持这一理念的学校，会将资源优先配置到有利于学生发展的领域，注重营造积极向上、包容多元的校园文化氛围，鼓励教师不断创新教学方法，引导全体师生围绕学生的成长和发展开展各项工作。

总之，以学生为中心教育理念的起源反映了教育思想的不断演进和对教育本质的深入探索，其内涵涵盖了教育目标、过程、管理等多个方面，对推动教育改革、提升教育质量、促进学生全面发展具有深远而重要的意义。深入理解和践行这一理念，是教育工作者在新时代背景下的重要使命，也是实现教育现代化、培养适应社会发展需求人才的必然要求。

3. 以学生为中心的个性化培养理念的内涵

“以学生为中心的个性化培养理念”强调将学生置于教育的核心位置，充分尊重每个学生的独特性，围绕学生的需求、兴趣、能力和性格特点等因素，制定个性化的沟通技能培养方案。

从需求角度出发，不同学生在沟通技能方面的需求存在差异。有些学生可能在公众演讲方面较为薄弱，需要着重提升表达自信和舞台表现力；而另一些学生可能在团队协作沟通中存在困难，需要加强倾听、反馈和协调能力的训练。以学生为中心，就是要精准识别这些个体需求，为学生提供针对性的学习资源和指导。

兴趣是最好的老师。个性化培养理念注重结合学生的兴趣爱好来设计沟通技能培养活动。例如，对于喜欢文学创作的学生，可以引导他们通过撰写故事、评论等方式提升文字表达能力，并将这些作品作为沟通素材进行分享交流；对于热衷于社团活动的学生，可组织他们参与社团组织策划工作，在实际活动中锻炼沟通协调能力，激发学生的学习积极性和主动性。

能力水平也是个性化培养的重要依据。每个学生的沟通基础和学习能力不同，对于基础较弱的学生，应从基础知识和基本技能入手，逐步提升他们的沟通自信；对于能力较强的学生，则提供更具挑战性的任务和项目，鼓励他们深入探索沟通技巧，拓展沟通领域。

性格特点同样影响着沟通方式。内向的学生可能更擅长书面沟通和深度交流，外向的学生则在口头表达和人际交往中较为活跃。个性化培养理念尊重这种差异，帮助内向学生克服沟通心理障碍，发挥其在书面表达上的优势；引导外向学生注重沟通的深度和准确性，提升综合沟通素养。

（二）以学生为中心的个性化培养理念的意义

1. 以学生为中心的个性化培养理念的理论意义

以学生为中心理念在教育领域占据关键地位，其理论意义广泛渗透于心理学、哲学和教育学等多个学科维度，为教育的发展与革新提供了坚实的理论基石。

（1）心理学维度的理论意义

以学生为中心理念在心理学层面深受人本主义心理学家卡尔·罗杰斯的影响。罗杰斯作为人本主义心理治疗的奠基者，在心理治疗领域提出以当事人为中心的方法，将实现人的自我价值设定为心理治疗的终极目标。这种理念迁移至教育领域，演变为以学生为中心的人本主义学习观。

在罗杰斯看来，学习并非单纯知识的积累，而是个人潜能与人格的充分舒展，是自我价值达成的过程。这一观点深刻揭示了学习的本质属性，强调学习是学习者自主的行为，高度依赖自身的努力与探索。在教学过程中，该理念凸显了真诚、信任和理解的重要价值。教师只有给予学生真诚的关怀与信任，深入理解他们的需求与困惑，才能营造出有利于学习的心理环境。同时，非指导性引导方法的应用也至关重要，它区别于传统的指令性教学，鼓励教师引导学生自主思考、自主探索，让学生在自我发现与解决问题的过程中实现学习的目标。这种心理学视角下的理念，为教育者理解学生的学习动机和心理需求提供了清晰的方向，有助于构建更加符合学生心理发展规律的教学模式。

（2）哲学维度的理论意义

从哲学角度审视，以学生为中心理念与辩证唯物主义基本原理高度契合。辩证唯物主义明确指出，内因在事物发展变化中起决定性作用，外因则是事物发展变化的条件。在教育范畴内，学生作为学习的主体，其成长与发展的可能性及最终结果，主要取决于自身的内在因素。

以学生为中心理念正是基于这一哲学原理，明确肯定了学生在学习过程中的主体地位，强调学生是学习的主人，在教与学的矛盾关系中处于主导地位。这一理念在教育实践中具有重要的指导意义。它促使教育者充分认识到，学生自身的主观能动性是推动学习的核心力量。因此，在教育过程中，要充分调动学生的积极性，激发他们主动学习和探索的欲望。同时，这一理念也为教育资源的合理配置和教学方法的科学选择提供了哲学依据。教育资源的分配应围绕满足学生的学习需求展开，教学方法的选用应有助于激发学生的内在动力，促进学生的自主发展。

（3）教育学维度的理论意义

在教育学领域，以学生为中心理念与教育的内部规律相契合。教育学理论表明，教育存在两类规律：教育的外部规律要求教育必须适应社会发展的需求；教育的内部规律则强调教育必须契合受教育者身心发展的需要。

在过往的教育实践中，人们常常过度侧重教育的外部规律，而对教育的内部规律有所忽视。以学生为中心理念的出现，重新将关注点聚焦到受教育者本身，着重强调受教育者的主体地位，以及身心发展的需求。这一理念要求教学活动必须紧密结合受教育者的实际情况，确保有益于他们身心的健康发展。

从课程设置来看，该理念提醒教育者要充分考虑学生的兴趣、能力和发展阶段，设计出符合学生需求的课程体系，使课程内容既具有挑战性又具有可接受性。在管理制度方面，要构建以学生为导向的管理模式，尊重学生的个性差异，为学生提供良好的学习和成长环境。在教学方法的选择上，要摒弃传统的单一教学方式，采用多样化的教学方法，以满足不同学生的学习风格和需求。这一理念揭示了学校教育教学活动应围绕学生需要展开的基本原则，为教育教学的各个环节提供了全面而深入的理论指导，有助于推动教育教学的持续改进与创新。

简而言之，以学生为中心理念在心理学、哲学和教育学等多学科领域蕴含着丰富而深刻的理论意义。它从不同学科视角为我们深入理解教育的本质、精准把握教育的规律提供了多元的路径与方法，同时也为教育实践提供了全面且系统的理论支撑与指导，助力教育事业不断迈向更高水平的发展。

2. 以学生为中心的个性化培养理念对大学生沟通技能培养的意义

这种理念有助于提高大学生沟通技能培养的针对性和实效性。通过精准把握学生的个体差异，能够为学生提供最适合的学习内容和方法，使学生在沟通技能方面得到切实提升。同时，尊重学生的个性和兴趣，能够激发学生的学习动力和创造力，培养学生的自主学习能力，让学生在数字时代的沟通环境中找到适合自己的发展方向。

此外，以学生为中心的个性化培养理念还有助于促进教育公平。每个学生都能在自身基础上得到充分发展，无论其起点高低、性格如何，都有机会获得个性化的培养和支持，从而缩小因个体差异导致的发展差距，为每个学生的未来发展奠定坚实的沟通基础。

在数字时代，以学生为中心的个性化培养理念为大学生沟通技能培养指明了方向。通过实施个性化培养策略，能够更好地满足学生的多样化需求，提升学生的沟通素养，使他们在数字时代的多元沟通环境中脱颖而出，适应社会发展的需要。

二、以学生为中心的个性化培养理念的实施策略

在数字时代，大学生沟通技能的培养至关重要且复杂多样。以学生为中心的个性化培养理念为提升大学生沟通技能提供了科学有效的路径。

（一）精准评估学生需求与能力

精准评估是实施个性化培养的首要环节，旨在全面且深入地了解学生在沟通技能方面的状况。为此，需运用多样化的评估工具。

问卷调查是一种广泛且高效的评估方式。设计详细的问卷，涵盖沟通技能的多个维度，如口头表达、书面表达、倾听理解、非言语沟通等方面。通过设置开放式和封闭式问题，收集学生对自身沟通技能的自我评价、日常沟通习惯、面临的困难，以及期望提升的方向等信息。例如，询问学生“在小组讨论中，你认为自己在表达观点时最大的困扰是什么”，以及“你平时使用

最多的沟通工具是什么，使用过程中遇到过哪些问题”等。

面谈则能实现与学生的深度互动。教师与学生进行一对一的交流，观察学生的语言表达、肢体语言和情绪状态，更直观地感受学生的沟通风格和存在的问题。在面谈过程中，教师需营造轻松、信任的氛围，引导学生坦诚分享自己的经历和感受。例如，让学生讲述一次印象深刻的沟通场景，以及在其中的表现和收获。

沟通技能测试能够提供量化的评估结果。设计专门的测试题目，包括口语测试（如演讲、对话模拟）和书面测试（如写作、阅读理解），从不同角度考察学生的沟通能力。口语测试可以设定特定的主题，要求学生在规定时间内进行演讲或对话，评估其语音语调、逻辑结构、表达流畅性等；书面测试则可以通过撰写文章、分析案例等形式，考察学生的文字组织、观点阐述和逻辑推理能力。

定期开展评估活动是跟踪学生学习进展的关键。每学期或每季度进行一次全面评估，对比学生在不同阶段的表现，分析其进步和不足之处。根据评估结果，及时调整培养方案。例如，如果发现学生在公众演讲的肢体语言运用上没有明显进步，就需要在后续的培养计划中增加针对性的训练内容和指导。

（二）定制个性化学习路径

基于精准评估的结果，为每个学生量身定制专属的学习计划，确保学习路径与学生的需求和能力相匹配。

线上线下相结合的课程学习是重要组成部分。对于在书面沟通方面较为薄弱的学生，推荐相关的线上写作课程，如语法知识讲解、文案创作技巧等，学生可以根据自己的时间安排自主学习。同时，安排线下的写作实践课程，教师现场指导学生进行写作练习，点评作品，帮助学生掌握写作技巧。

实践项目参与为学生提供了真实的沟通场景。对于有提升公众演讲需求的学生，除了安排演讲技巧课程外，还为其提供模拟演讲平台，组织班级或

校内的演讲比赛、主题分享会等活动。学生在准备和参与这些活动的过程中，锻炼演讲能力。同时，配备专业导师进行一对一指导，导师从演讲稿撰写、演讲技巧运用到舞台表现等方面给予详细的反馈和建议，帮助学生不断改进。

对于希望提升团队沟通能力的学生，组织团队项目实践。例如，安排学生参与企业模拟项目，模拟真实的企业团队协作场景，包括项目策划、任务分配、进度跟踪和成果汇报等环节。在实践过程中，教师密切观察学生的表现，针对学生在团队沟通中出现的问题，如意见分歧处理不当、信息传递不及时，及时给予针对性反馈和建议，引导学生学会倾听他人意见、有效表达自己观点、协调团队成员关系。

（三）丰富教学资源与方法

数字时代为丰富教学资源提供了得天独厚的条件，多样化的教学方法也能更好地满足学生的学习需求。

整合丰富的教学资源，充分利用在线课程。与知名教育平台合作，引入专业的沟通技能课程，涵盖从基础沟通技巧到高级商务沟通等多个层次和领域。学生可以根据自己的水平和需求选择相应的课程进行学习。同时，开发虚拟仿真实验，利用虚拟现实技术创设各种复杂的沟通场景，如跨文化商务谈判、危机公关处理等。学生在虚拟环境中进行模拟操作，体验不同场景下的沟通挑战，提高应对实际问题的能力。

1. 建立丰富的案例库

收集来自不同行业、不同领域的真实沟通案例。这些案例包括成功的沟通案例和失败的教训，通过对案例的分析和讨论，让学生了解在不同情境下如何运用有效的沟通策略。例如，分析某企业通过巧妙的公关沟通成功化解危机的案例，以及某项目因沟通不畅导致失败的案例，引导学生总结经验教训。

2. 采用多样化的教学方法

情境教学法能让学生身临其境地感受沟通场景。创设职场面试情境，学生扮演求职者和面试官，模拟面试过程中的沟通环节。教师在旁观察并记录学生的表现，面试结束后进行点评和分析，让学生了解职场面试中的沟通要点和注意事项。

小组合作学习法促进学生之间的互动与协作。将学生分成小组，布置团队沟通任务，如共同完成一个项目策划书的撰写和汇报。在小组合作过程中，学生需要相互交流、分工协作，学会倾听他人意见、表达自己观点，提高团队沟通能力。教师在小组合作过程中进行巡视指导，及时解决学生遇到的问题。

角色扮演法让学生在模拟角色中锻炼沟通技能。设定商务谈判场景，学生分别扮演不同的角色，如买方代表、卖方代表、谈判顾问等。通过角色扮演，学生深入理解不同角色的立场和沟通方式，学会运用沟通技巧达成谈判目标。在角色扮演结束后，组织学生进行反思和总结，进一步提升沟通能力。

（四）营造个性化支持环境

营造支持个性化发展的校园环境和课堂氛围对学生沟通技能培养至关重要。课堂上教师鼓励学生积极表达想法观点，设置开放话题引导多角度思考，尊重肯定独特见解以激发表达欲和自信；尊重学生不同学习方式，为喜欢阅读和实践的学生分别提供相应支持。学校建立学习支持中心，配备专业心理咨询师帮助学生克服沟通学习中的心理障碍，如演讲恐惧等，通过多种方式增强沟通自信；安排学习辅导员针对沟通技能学习具体问题给予个性化指导建议，且学习支持中心组织交流活动，让学生在交流中共同进步。

通过以上实施策略，将以学生为中心的个性化培养理念切实融入大学生沟通技能培养中，全面提升学生的沟通素养，使他们能够更好地适应未来社会的发展需求。

第二节　融合发展的多元化培养理念：内涵与应用策略

在数字时代浪潮的席卷下，大学生沟通技能培养面临着全新的格局与要

求。融合发展的多元培养理念应运而生，这一理念对于提升大学生在复杂数字环境中的沟通能力具有深远意义，值得深入剖析与探讨。

一、融合发展的多元培养理念概述

（一）多元培养教育理念的内涵

融合发展的多元培养理念，是对数字时代大学生沟通技能培养模式的深度革新。在传统教学模式中，培养方式往往较为单一，侧重于理论知识的传授，教学方法相对固定，难以充分适应数字时代对沟通技能的多样化需求。而多元培养理念倡导突破这种局限。

首先，它强调打破传统单一教学模式的束缚，采用多元化的教学手段和方法。这意味着不再局限于传统的课堂讲授，而是综合运用案例分析、模拟演练、小组讨论等多种方式。案例分析能够让学生从实际的沟通案例中汲取经验教训，了解不同情境下沟通技能的应用；模拟演练则为学生提供了实践操作的机会，使其在模拟的真实场景中锻炼沟通能力；小组讨论鼓励学生之间的思想碰撞，拓宽沟通思路。

其次，该理念注重理论教学与实践教学的有机结合。理论教学为学生奠定坚实的知识基础，让他们了解沟通的基本原理、原则和方法。然而，沟通技能本质上是一种实践技能，只有通过大量的实践教学，学生才能真正将理论知识转化为实际能力。实践教学可以包括课堂实践活动、课外实习、项目实践等多种形式，使学生在不同的实践场景中不断提升沟通技能。

再次，线上教学与线下教学的融合也是多元培养理念的重要组成部分。数字时代为线上教学提供了丰富的资源和便捷的平台。线上教学具有灵活性和开放性的特点，学生可以随时随地通过网络获取学习资源，进行自主学习。线下教学则保留了面对面交流的优势，教师能够及时给予学生指导和反馈，学生之间也能进行更直接的互动。将两者有机融合，能够充分发挥各自的优势，提高教学效果。

最后，多元培养理念将培养学生的综合素质和创新能力作为重要目标。在数字时代，沟通不仅仅是信息的传递，更需要具备创新思维和综合素质。创新能力能够使学生在沟通中提出新颖的观点和方法，更好地适应不断变化的沟通环境；综合素质则涵盖了批判性思维、领导力、文化素养等多个方面，这些素质对于提升沟通技能的深度和广度具有重要作用。

（二）坚持多元培养理念的必要性

1. 适应沟通技能的复杂性和多维性

数字时代下，沟通技能呈现出前所未有的复杂性和多维性。沟通方式的多样化，从传统的面对面交流拓展到社交媒体、即时通信工具、视频会议等多种数字平台，每种平台都有其独特的沟通规则和技巧。沟通内容也更加丰富多样，不仅包括文字、语音，还涉及图片、视频等多媒体元素。同时，沟通对象的范围不断扩大，跨越地域、文化和行业界限。这种复杂性和多维性要求大学生具备更加全面的能力，传统的单一教学模式显然无法满足这一需求。单一教学模式往往侧重于某一方面的技能培养，难以涵盖数字时代沟通技能的所有维度，导致学生在面对复杂的沟通情境时缺乏应对能力。

2. 强调学生的主体性

多元培养理念突出学生的主体性，将学生置于教学的中心位置。在传统教学模式中，教师往往处于主导地位，学生被动接受知识。而多元培养理念鼓励学生积极参与教学过程，发挥主观能动性。通过多元化的教学手段和方法，如小组讨论、项目实践，学生有更多机会表达自己的观点和想法，自主探索知识，从而培养自主学习能力。这种自主学习能力对于学生在数字时代不断更新知识、提升沟通技能至关重要，因为数字时代知识更新速度快，只有具备自主学习能力，学生才能跟上时代的步伐。

3. 注重实践性

实践是提升沟通技能的关键环节。多元培养理念高度重视实践性，通过

多种实践教学形式，让学生在实际操作中积累经验，提高沟通能力。传统教学模式虽然也有一定的实践环节，但往往不够充分，学生缺乏足够的机会在真实的沟通场景中锻炼。而多元培养理念下的实践教学，能够为学生提供丰富的实践机会，使他们在实践中发现问题、解决问题，不断优化沟通策略和方法。例如，课外实习可以让学生接触到不同行业的沟通环境，了解实际工作中的沟通需求和技巧；项目实践则可以培养学生在团队合作中的沟通协调能力。

4. 培养创新性

创新能力是数字时代人才必备的素质之一。多元培养理念注重培养学生的创新能力，鼓励学生在沟通中突破传统思维模式，提出新颖的观点和方法。在数字时代，沟通方式和内容不断创新，只有具备创新能力，学生才能在激烈的竞争中脱颖而出。通过案例分析、小组讨论等教学方法，引导学生从不同角度思考问题，激发创新思维。同时，线上教学资源的丰富性也为学生提供了接触最新创新成果的机会，拓宽了学生的视野，有助于培养创新能力。

可见，融合发展的多元培养理念是数字时代大学生沟通技能培养的必然选择。其丰富的内涵和显著的必要性，为培养适应数字时代需求的高素质人才提供了有力支撑。通过打破传统单一教学模式，采用多元化教学手段和方法，注重理论与实践结合、线上与线下融合，以及培养学生的综合素质和创新能力，多元培养理念将在提升大学生沟通技能方面发挥重要作用，推动教育教学改革不断向前发展，以更好地应对数字时代带来的各种挑战。

二、基于融合发展多元培养理念的实践路径

数字时代的快速发展对大学生沟通技能提出了全新且复杂的要求。融合发展的多元培养理念为大学生沟通技能培养指明了方向，而探寻基于此理念的实践路径，对于切实提升大学生在数字环境下的沟通能力，使其更好地适应社会发展需求，具有重要的现实意义。

（一）以“线上线下校内校外”互通联合为路径，完善教学体系

1. 线上线下融合：拓展沟通技能培养的时空维度

线上与线下的融合已然成为数字时代沟通技能培养的必然趋势。现代信息技术与智能教学平台的蓬勃发展，为教学资源的整合与拓展提供了强大支撑。通过将教学项目管理、课程公告通知、专业资源库等丰富内容迁移至线上平台，并构建资源共享、精品课程和视频公开课模块，教学活动不再受限于传统的时间与空间范畴。

线上平台的优势在于其便捷性与灵活性。学生可以随时随地登录平台获取学习资源，打破了传统课堂在时间和地点上的束缚。实时互动平台让师生之间、学生之间能够跨越地域限制进行即时交流，模拟真实的沟通场景，提升学生的沟通反应能力。虚拟实验室则为学生提供了实践操作的机会，通过虚拟环境中的模拟演练，加深对沟通技能的理解与应用。在线课程的多样性使学生能够依据自身兴趣和需求，自主选择适合的学习内容和方式，实现个性化学习，从而有效提升沟通技能学习的效果。

线下教学同样具有不可替代的作用。面对面的交流互动能够传递更加丰富的情感信息，教师可以通过观察学生的表情、肢体语言等，更精准地把握学生的学习状态和沟通问题，并及时给予指导。小组讨论、角色扮演等线下教学活动，能够营造真实的沟通氛围，让学生在直接的人际交往中锻炼沟通技巧，培养团队协作能力和人际交往能力。因此，线上线下融合并非简单的叠加，而是相互补充、相互促进，共同为学生沟通技能的培养创造更有利的条件。

2. 校内校外互通：丰富沟通技能培养的实践内涵

校内与校外的互通融合为大学生沟通技能培养注入了新的活力。高校积极引入校外资源，聘请相关领域和行业内的专家参与课程研发与实践教学活动，这一举措具有重要意义。专家们丰富的产业经验、对新技术的敏锐洞察力，以及行业前沿视角，能够为课堂教学带来全新的理念和方法。他们将实际工作中的案例和问题引入课堂，使学生了解到行业实际需求，拓宽了学生

的学习视野，让学生明白所学沟通技能在实际工作中的应用场景和重要性，增加了课程的实用性和前瞻性。

以技术项目和科研项目为依托，将理论知识从课堂延伸至课外实践，是校内校外互通的另一种有效方式。学生参与这些项目，不仅能够深入理解和运用所学的沟通技能，还能在实践中接触到真实的问题和挑战，促使他们不断思考和探索更有效的沟通策略。在项目实施过程中，学生需要与团队成员、指导教师，以及校外合作伙伴进行频繁的沟通协作，这种跨领域、跨机构的合作交流，极大地锻炼了学生的沟通能力，培养了他们解决实际问题的能力。

校企合作作为校内校外融合的关键手段，为学生提供了丰富的实践训练平台和机会。高校与企业共同建设实践基地、实践平台、创新创业园、众创空间和实验室等，这些平台成为学生将理论知识应用于实践的重要场所。在实践基地中，学生能够亲身体验企业的工作环境和流程，了解企业内部的沟通模式和文化，通过参与实际项目，与企业员工密切合作，不断磨练和提升自己的沟通技能。同时，企业也能从学生的创新思维和活力中受益，实现校企双方的互利共赢。

3. 国际合作：提升沟通技能培养的国际化水平

在全球化进程不断加速的今天，国际合作成为实现融合发展多元培养理念不可或缺的一环。向国际产教融合典范学习，借鉴其多元融合办学经验和办学理念，对于提升我国大学生沟通技能培养的国际化水平具有重要意义。

国际上一些先进的产教融合模式，注重培养学生的全球视野、跨文化沟通能力和国际竞争力。通过与国际教育机构、企业开展合作交流，高校可以引入国际先进的课程体系、教学方法和评估标准，使我国的沟通技能培养与国际接轨。例如，开展国际交流项目，让学生有机会与来自不同国家和文化背景的学生共同学习和交流，亲身体验多元文化环境下的沟通差异，培养跨文化沟通意识和能力。引进国外优质师资，他们带来的国际化教学理念和方法，能够启发学生的创新思维，拓宽学生的国际视野，提升学生在国际舞台上的沟通能力。

此外，参与国际学术会议、合作科研项目等活动，也为学生提供了与国际学术界和产业界交流的平台。在这些活动中，学生可以了解国际前沿研究动态和行业发展趋势，与国际同行进行深入的学术探讨和技术交流，锻炼在国际场合下的沟通表达能力，为未来参与国际竞争奠定坚实基础。

（二）采用多样化的教学方法和手段

教学方法和手段是将沟通技能知识转化为学生实际能力的关键环节。在数字时代，传统单一的教学方式已难以满足培养需求，多样化的教学方法成为必然选择。

案例分析通过引入实际发生的沟通案例，让学生深入剖析不同情境下沟通策略的运用及其效果，从中汲取经验教训，培养学生分析问题和解决问题的能力。角色扮演使学生身临其境，模拟真实沟通场景中的角色，亲身体验和实践沟通技巧，增强对沟通技能的感性认识和实际操作能力。小组讨论鼓励学生之间相互交流、思想碰撞，培养学生的团队协作沟通能力和批判性思维，在交流中拓宽沟通思路。模拟演练则为学生提供接近真实的沟通环境，让他们在模拟的压力和挑战下锻炼应对各种沟通情况的能力。

同时，数字技术为教学带来了新的活力和可能性。在线协作平台打破了地域限制，学生可以与不同地区的同学或合作伙伴进行实时协作，共同完成沟通任务，提升跨地域沟通协作能力。虚拟现实技术则创造出高度逼真的沟通场景，让学生仿佛置身其中，获得更加生动、直观的学习体验，增强对复杂沟通情境的适应能力。

（三）注重培养学生的综合素质和创新能力

在大学生沟通技能培养过程中，综合素质和创新能力的培养不容忽视，它们与沟通技能相辅相成，共同促进学生的全面发展。

组织各类学术讲座、文化沙龙、创新创业大赛等活动，为学生提供了广阔的学习和交流平台。学术讲座邀请各领域专家分享前沿知识和研究成果，拓宽学生的知识面，使学生在沟通中有更丰富的知识储备。文化沙龙营造了自由、开放的文化交流氛围，培养学生的文化素养和批判性思维，让学生能

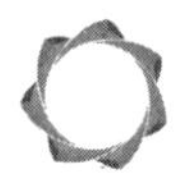

够从不同角度思考问题，在沟通中表达独特见解。创新创业大赛激发学生的创新思维和创造力，学生在项目实践中需要不断创新沟通方式和策略，以吸引投资、推广产品或服务，同时在团队协作中提升团队协作能力。

鼓励学生积极参与社会实践和志愿服务等活动，有助于培养学生的社会责任感和公民意识。在这些活动中，学生深入了解社会现实，增强对社会的认知和责任感，学会从社会的角度思考问题。这种社会责任感和公民意识会融入学生的沟通行为中，使他们在沟通中更加关注他人需求，注重沟通的社会影响，从而提升沟通的质量和效果。

基于融合发展多元培养理念的大学生沟通技能培养实践路径，涵盖了课程体系构建、教学方法运用、实践教学强化，以及综合素质与创新能力培养多个方面。这些路径相互关联、相互促进，共同构成了一个有机整体。通过构建多元化课程体系，为学生提供全面系统的知识基础；采用多样化教学方法和手段，激发学生学习兴趣和积极性，提高学习效果；加强实践教学环节，让学生在真实情境中锻炼沟通技能；注重培养学生的综合素质和创新能力，提升学生沟通的深度和广度。综合运用这些实践路径，有助于全面提升大学生在数字时代的沟通技能，使其更好地适应社会发展的多元化需求，成为具有综合素养和创新能力的高素质人才。

第三节　与时俱进的动态化培养理念：创新与优化策略

一、与时俱进的动态培养理念概述

（一）与时俱进的动态培养理念的内涵

1. 以时代发展为导向

动态培养理念要求紧密关注数字时代的发展趋势，将最新的技术、社会需求和文化变化融入大学生沟通技能培养中。随着数字技术的不断更新，沟通方式和内容也在持续演变，培养理念必须及时跟进，确保培养出的大学生能够适应时代的沟通需求。

2. 强调灵活性与适应性

在数字时代，变化是唯一不变的主题。动态培养理念注重培养大学生的灵活性和适应性，使其能够在不同的沟通情境中迅速调整沟通策略。这意味着不仅要传授固定的沟通知识和技能，更要培养学生的应变能力和创新思维，以应对不断变化的沟通环境。

3. 促进全面发展

动态培养理念强调大学生沟通技能的全面发展，涵盖语言表达、非语言沟通、倾听理解、信息管理、跨文化沟通等多个维度。同时，注重将沟通技能与其他综合素质，如批判性思维、团队协作能力、问题解决能力等相结合，促进学生的全面成长。

4. 持续更新与优化

动态培养理念是一个不断更新和优化的过程。随着对数字时代沟通特点的深入理解和教育教学理论的发展，培养目标、内容和方法需要持续调整和改进。这要求教育者保持敏锐的洞察力，不断探索新的培养模式和方法，以提高培养效果。

（二）动态培养理念在大学生沟通技能培养中的重要性

1. 适应数字时代的快速变化

数字时代的发展日新月异，新的沟通技术和方式不断涌现。采用动态培养理念，能够使大学生及时掌握最新的沟通技能，跟上时代步伐，避免因知识和技能的滞后而在未来的学习、工作和生活中陷入困境。

2. 提高大学生的就业竞争力

在当今职场，良好的沟通技能是企业招聘和员工晋升的重要考量因素。动态培养理念下培养出的大学生，具备适应数字时代需求的沟通能力，能够

在求职过程中脱颖而出，并且在职业生涯中更好地与同事、客户进行沟通协作，提升职业发展潜力。

3. 促进大学生的个人成长与发展

有效的沟通技能有助于大学生建立良好的人际关系，增强自信心和自我表达能力。动态培养理念注重培养学生的全面沟通素养，能够帮助大学生更好地理解他人、表达自己，促进个人的情感、认知和社会交往能力的发展，实现个人的全面成长。

4. 推动教育教学改革

动态培养理念的引入，促使高校对现有的沟通技能培养课程体系、教学方法和评价体系进行反思和改革。这将推动教育教学与数字时代的深度融合，提高教育教学质量，培养出更符合时代需求的创新型人才。

（三）基于动态培养理念的大学生沟通技能培养实践路径

1. 动态适应社会需求的课程内容更新

（1）实时追踪社会热点与行业动态

成立由专业教师、行业专家和就业指导人员组成的课程内容更新小组。该小组密切关注社会热点话题、行业发展趋势，以及新兴职业对沟通技能的要求。例如，随着直播带货行业的兴起，及时将直播沟通技巧、产品推广话术等内容融入课程。通过分析各大招聘网站发布的岗位信息，提炼出不同行业对沟通技能的关键要求，为课程内容调整提供依据。

（2）引入真实案例与项目

定期收集来自不同领域的真实沟通案例和项目，将其融入课程教学中。这些案例和项目涵盖企业商务谈判、社区矛盾调解、文化交流活动组织等多个方面。例如，选取某企业在国际市场拓展过程中跨文化沟通的成功与失败案例，组织学生进行分析讨论，学习或提出解决方案。通过这种方式，让学生接触到实际工作中的沟通场景和问题，提升他们运用所学知识解决实际问题的能力。

2. 根据学生反馈动态调整的教学方法

（1）开展阶段性教学效果评估

每学期设置多个教学效果评估节点，采用问卷调查、学生座谈会、在线反馈平台等多种方式，收集学生对教学内容、教学方法和教师教学表现的反馈意见。例如，在课程进行到一半时，通过问卷调查了解学生对教学进度、知识点难易程度的看法；在每个教学单元结束后，利用在线反馈平台收集学生对该单元教学方法的建议。

（2）基于反馈调整教学策略

教师根据学生反馈的信息，及时调整教学策略。如果学生普遍反映某一沟通技巧的讲解过于抽象，教师可以增加更多实际案例或实践操作环节；若学生对小组讨论的组织形式提出改进建议，教师可以优化小组分组方式、明确讨论规则。通过这种动态调整，使教学方法更加贴合学生的学习需求，提高教学效果。

3. 灵活多元的动态实践平台搭建

（1）校内实践平台的动态优化

学校不断丰富和优化校内沟通实践平台，如校园广播电台、电视台、新媒体中心。根据学生兴趣和专业特点，定期调整实践平台的活动内容和组织形式。例如，针对新媒体专业学生，在校园新媒体中心开设短视频制作与沟通项目，让学生在策划、拍摄和运营短视频的过程中锻炼沟通能力；为满足不同学生的兴趣爱好，组织各类社团活动，如演讲社、辩论社，为学生提供多样化的沟通实践机会。

（2）校外实践基地的动态拓展

与企业、社区、政府部门等建立动态合作关系，拓展校外实践基地。根据社会需求和学生专业发展方向，适时调整合作单位和实践项目。例如，随着人工智能技术在教育领域的应用，与相关科技企业合作，为教育专业学生提供智能教育产品推广与用户沟通的实践机会；与社区合作开展文化宣传活动，让学生参与活动策划与组织，锻炼与不同群体沟通的能力。

4. 全程动态反馈机制的完善

（1）建立多层次反馈渠道

构建学校、教师、学生和用人单位多层次的沟通技能培养反馈渠道。学校层面，定期开展教学质量评估，收集用人单位对毕业生沟通技能的评价和建议；教师层面，与学生保持密切沟通，及时了解学生在学习过程中的困难和需求；学生层面，鼓励学生通过多种方式向学校和教师反馈学习体验和改进意见；用人单位层面，建立毕业生跟踪调查制度，定期回访用人单位，了解毕业生在工作岗位上沟通技能的应用情况和发展需求。

（2）基于反馈的持续改进

根据多层次反馈渠道收集到的信息，学校和教师制定针对性的改进措施。例如，如果用人单位反馈毕业生在团队协作沟通方面存在不足，学校可以加强相关课程的实践教学环节，增加团队项目训练；如果学生反映沟通技能课程的考核方式过于单一，教师可以优化考核方案，增加实践考核比重，注重对学生沟通能力的综合评价。通过持续改进，不断提升大学生沟通技能培养的质量。

第六章　数字时代下大学生沟通技能培养的具体策略

从个人成长和发展的角度来看，数字时代下的沟通技能培养可以助力大学生拓展人际关系网络，增强自信心，更好地应对各种挑战和机遇。通过掌握数字沟通技巧，大学生能够更加自如地在虚拟空间与不同背景的人交流互动，开阔视野，丰富阅历，为未来的职业发展和个人生活打下坚实基础。

第一节　数字素养提升策略：系统框架构建与实践路径

随着互联网应用的日益广泛和深入，数字技术正以前所未有的速度蓬勃发展。大学生，作为数字时代及新媒体时代的中坚力量，其学习、生活乃至思维方式都深受新媒体技术的影响。在高校追求教育现代化、全面促进学生能力发展的背景下，提升大学生的信息素养、增强他们对信息的敏感度，并进而提高他们的沟通能力，显得尤为关键。

一、信息素养概述

数字时代下，提升大学生的信息素养是培养其沟通技能的核心策略，有助于他们在信息洪流中保持清醒，高效交流，成为未来社会的佼佼者。

（一）信息素养的内涵

在现代社会，信息素养已成为现代人文素养的核心组成部分，是个体在信息时代与知识经济时代生存和发展的必备关键技能。这一概念的起源可追溯至 1974 年，由美国学者 Paul Zurkowski 首次提出。随后，1989 年美国图书馆协会对其进行了更为精确的界定，明确指出具备信息素养的个体应能够准确判断何时需要信息，并熟练掌握获取、评估，以及有效利用信息的方法。

随着网络技术的飞速发展，知识经济主导的信息时代全面来临，信息素养的内涵也不断丰富和深化。在布拉格国际会议上，信息素养被赋予了更广泛的意义，被视为一种能够明确信息需求、高效检索信息、严谨评估信息、有序组织信息，并能创造性地生产和使用信息以解决实际问题的综合能力①。

综合国内外学术界的研究成果，并结合当前数字技术迅猛发展的现实背景，在数字时代，大学生的信息素养呈现出鲜明的时代特征。

互联网与新媒体平台已成为大学生获取信息的重要基础和渠道。在网络空间中，信息资源海量且复杂，大学生需要对这些信息保持高度的敏感性和深刻的洞察力，这是信息素养的首要要求。只有敏锐感知信息的价值和相关性，才能在众多信息中捕捉到对自身有意义的内容。

精准筛选信息的能力至关重要。面对网络上潮水般涌来的各类信息，大学生要学会运用有效的方法和工具，依据自身需求和目标，从海量信息中挑选出准确、有用的部分，摒弃无关或低质量的信息，避免被无用信息干扰和淹没。

深入分析与有效提炼信息是信息素养的核心环节。大学生不能仅停留在表面获取信息，还需对筛选出的信息进行深入剖析，挖掘其内在逻辑、本质特征和潜在价值。通过分析，将复杂的信息进行梳理和整合，提炼出关键要点和核心观点，使其更具条理性和可用性。

① 娜日，吴晓伟，吕继红. 国内外信息素养标准研究现状与展望［J］. 图书情报工作，2010，54（3）：32-35.

创新应用信息则是信息素养的高层次体现。大学生应将提炼后的信息与自身的知识体系相结合，在学习、研究及未来职业发展中，创造性地运用这些信息，提出新的观点、方法和解决方案，为个人发展和社会进步创造价值。

总之，信息素养对于大学生在数字时代的成长和发展具有深远意义。它不仅关乎学生在学术领域的表现，如帮助他们更好地完成课程学习、开展研究项目，还对其未来的职业发展产生重要影响。具备良好信息素养的大学生能够更快适应职场环境，在工作中更高效地获取和利用信息，解决实际问题，提升自身竞争力。

另外，信息素养是一个不断发展和演进的概念，在数字时代，大学生的信息素养涵盖了从信息感知、筛选、分析、提炼到创新应用的一系列能力，这些能力相互关联、层层递进，共同构成了大学生在信息时代立足和发展的重要基础。

（二）数字时代背景下信息素养的构成框架

在数字时代，信息素养对于大学生的全面发展至关重要，其构成框架涵盖信息意识、信息知识、信息技能与信息伦理四个关键维度，各维度相互关联、相辅相成，共同构建起大学生适应时代发展所需的信息素养体系。

1. 信息意识

在信息化与数字技术高速发展的大背景下，大学生的信息意识是其信息素养的基础与先导。对时代环境的清晰认知是信息意识的首要体现。大学生需充分认识到自身正处于一个信息爆炸式增长、信息交流极为频繁且社会信息化进程不断加速的时代。在这样的环境中，信息传播的速度和规模都达到了前所未有的程度，信息的快速更迭与广泛传播深刻影响着社会生活的方方面面。

同时，大学生要深刻理解信息作为一种核心资源所具有的多重重要意义。在知识经济领域，信息是推动创新、促进产业升级的关键要素，它加速了知识的传播与转化，为经济发展注入新的活力。在教育现代化进程中，丰富的信息资源打破了传统教育的时空限制，为个性化学习和终身教育提供了可能，

推动着教育理念、教学方法和教育模式的深刻变革。对于大学生个人而言，信息有助于提升科研能力，使其能够及时掌握学术前沿动态，拓宽研究思路；更能全方位提升综合素质，助力个人在复杂多变的社会环境中更好地适应与发展。这种对信息重要性的深刻认识，能够激发大学生主动获取和利用信息的内在动力。

2. 信息知识

信息知识是信息素养不可或缺的重要组成部分，它为大学生有效开展信息活动提供了坚实的理论与技术支撑。

基本信息知识构成了信息知识体系的基石。这部分知识涉及信息的理论基础、方法论及原则，它帮助大学生从本质上理解信息的概念、特征、分类，以及信息运动的规律。通过掌握这些基本理论，大学生能够构建起对信息的系统性认知，为后续理解和运用信息奠定坚实的逻辑框架。

现代信息技术知识则是适应数字时代信息获取与处理需求的关键。微电子技术、通信技术、网络技术等前沿领域的发展日新月异，深刻改变了信息的传播与存储方式。大学生掌握这些现代信息技术知识，就如同掌握了开启信息宝库的钥匙，能够熟练运用各种信息技术工具获取、处理及利用信息。例如，了解网络技术的原理与应用，有助于他们在互联网上高效地搜索和筛选信息；掌握数据处理软件的使用方法，能够对海量信息进行分析和整理，挖掘出有价值的内容。

外语知识在信息全球化的背景下显得尤为重要。随着互联网的普及，全球信息资源实现了高度整合，大量的原始信息和前沿研究成果以英语等外语形式呈现。掌握一至两门外语，使大学生能够突破语言障碍，直接获取来自国际前沿的第一手资料，拓宽信息视野，接触到更广泛、更深入的知识体系。这不仅有助于他们在学术研究中与国际接轨，还能提升其在全球化竞争环境中的综合竞争力。

3. 信息技能

信息技能，也称为信息能力，是大学生信息素养的核心体现，它反映了大学生在实际信息活动中运用知识解决问题的能力。

获取信息是信息技能的首要环节。大学生需要熟练掌握利用各种渠道和方法，有效运用各类工具搜集、查找、提取、记录及存储信息。这要求他们能够根据不同的信息需求，灵活选择合适的信息源，如学术数据库、专业网站、社交媒体，并运用恰当的搜索技巧和工具，准确地获取所需信息。同时，学会对获取的信息进行及时记录和妥善存储，以便后续使用。

理解信息是对获取信息的进一步深化。大学生要对信息进行筛选、分析、评价及决策，这需要深入剖析信息内容及来源，鉴别信息的质量，评估其价值。在信息爆炸的时代，信息质量参差不齐，虚假信息、误导性信息层出不穷。因此，大学生必须具备批判性思维能力，能够运用科学的方法和标准，对信息进行全面、客观的分析，判断其真实性、可靠性和相关性，从而决定信息的取舍。

利用信息是信息技能的最终目标。大学生应将获取和理解的信息有针对性地应用于解决实际问题、学习及科研中，实现信息的价值最大化。通过将信息与实际需求相结合，他们能够运用所学知识和技能，将信息转化为实际行动和创新成果，为个人的成长和社会的发展作出贡献。例如，在学习中运用信息解决学科难题，在科研中依据信息提出新的研究思路和方法。

4. 信息伦理

信息伦理在大学生信息素养中占据着重要地位，它是信息活动中的道德准则和行为规范。

在信息活动中，良好的道德修养是信息伦理的核心要求。大学生在获取、处理及利用信息的过程中，必须遵循法律法规及道德规范。保护个人隐私是信息伦理的重要方面，大学生要尊重他人的隐私权利，不随意侵犯他人的个人信息。同时，尊重他人的学术成果是信息伦理的基本准则，坚决抵制剽窃、抄袭等学术不端行为。在学术研究和知识传播中，应秉持诚信原则，通过自身的努力和创新获取知识，为学术环境的健康发展贡献力量。维护信息的正当性与纯洁性，有助于营造一个公平、公正、有序的信息社会环境，促进信

息资源的合理利用和知识的有效传播。

数字时代背景下的信息素养构成框架是一个有机整体，信息意识引导大学生关注信息、重视信息；信息知识为信息活动提供理论与技术支持；信息技能确保大学生能够在实践中有效获取、理解和利用信息；信息伦理则为信息活动提供道德约束和规范保障。这四个维度相互作用、相互促进，共同提升大学生的信息素养水平，使其能够在数字时代的浪潮中更好地适应、发展并创造价值。

（三）大学生信息素养教育面临的挑战

1. 教师中心化的教学模式

在大学生信息素养教育的进程中，教师中心化的教学模式长期占据主导地位，给教育效果带来了多方面的挑战，深刻影响着学生信息素养的有效提升。

传统的以教师为核心的知识传授模式，在大学生信息素养教育中暴露出诸多弊端。在此模式下，教师处于教学活动的绝对主导位置，全面掌控着教学节奏与方向。教学过程往往围绕教材既定知识点展开，致力于完成教学任务，却在很大程度上忽略了这些知识点与学生实际学习需求的紧密关联。以本科低年级学生接触专业数据库知识点为例，由于在初始学习阶段未能充分理解其重要性，学生缺乏足够的学习动力与针对性，学习效果不佳。直到面临毕业论文撰写，学生才意识到专业数据库的关键作用，但此时知识的滞后应用，不仅削弱了学习的即时效果，也对学生信息素养的长远发展产生了不利影响。这种脱节现象反映出教学模式未能有效契合学生在不同学习阶段的实际需求，使得信息素养教育难以达到预期目标。

信息素养课程自身的特性也加剧了教师中心化教学模式的困境。该课程内容丰富多样，涵盖众多知识模块，这对教学安排提出了较高要求。在有限的课时内，教师既要完成全面的教学任务，又要兼顾学生的实操练习，面临着巨大的挑战。为了应对这一难题，部分教师无奈选择缩减学生的课堂实操时间，转而采用讲授式灌输方法。这种方法虽能在短时间内覆盖较多知识点，但却导致教学过程中“教”与“学”的失衡，“教”的成分远远超过“学”。课堂成为了教师单向传递知识的场所，学生被动接受知识，缺乏主动参与和思考的机会，难以形成有效的双向互动学习氛围。这种教学方式违背了信息素养教育注重实践操作和能力培养的初衷，使得学生在理论与实践结合方面存在明显不足。

信息素养课程的实用性决定了其教学应注重培养学生的信息检索、分析和利用能力。然而，教师中心化的教学模式严重阻碍了学生主动性与创造性的发挥。在课堂上，学生参与度普遍不高，缺乏主动探索和实践的热情。课后，由于师生之间缺乏充分的交流与反馈，学生在学习过程中遇到的问题难以得到及时解决，学习效果大打折扣。这种教学模式限制了学生信息素养的全面发展，无法满足信息时代对大学生能力培养的要求。

总之，教师中心化的教学模式在大学生信息素养教育中存在诸多问题，亟待变革。构建以学生为中心、注重实践操作的信息素养教育体系已成为当务之急。只有这样，才能激发学生的学习积极性和主动性，提高学生的信息素养水平，使其更好地适应未来社会发展的需求。

2. 教学内容实用性亟需增强

在大学生信息素养教育领域，教学内容实用性的欠缺成为了阻碍教育成效提升的关键因素，深刻影响着学生能否有效适应未来职场需求，以及全面提升自身信息素养。

信息素养教育体系与学生未来职场需求之间的衔接不畅，集中体现在教材内容与学生实际学习需求的严重脱节。学者张晋鹤借助“读秀”数据库，对 2016 至 2017 年间出版的 71 本信息素养领域的图书进行了深入检索与分析[①]。其研究结果表明，在这些教材中，多数依然以传统知识框架作为核心内容。这些教材着重于信息理论知识、文献分类、信息检索原理、中外文数据

① 张晋鹤. 学习场景下大学生信息素养提升策略研究［J］. 图书馆杂志，2017，36（12）：76.

库操作、搜索引擎使用、特种文献及专利知识等基础内容的传授。诚然，这些基础知识是信息素养的重要组成部分，但在现代职场环境下，其局限性日益凸显。信息安全、信息伦理、个人信息管理与分析等技能，已成为职场人士必备的能力要素，然而教材对此涉猎较少。这种脱节使得学生在完成学业进入职场后，面临知识与技能储备不足的困境，难以迅速适应工作中的信息处理需求，限制了他们在职场中的发展潜力。

信息素养课程未能精准契合学生不同学习阶段的具体需求，进一步加剧了教学内容实用性的问题。本科低年级学生处于学术研究的起步阶段，他们的认知水平和学习需求有其独特性。在这一时期，建立信息检索的基本逻辑思维，培养信息甄别与准确判断的能力，是他们提升信息素养的关键基础。然而，当前的课程设置往往未能充分考虑这一阶段性特征，过早地将教学重点放在毕业论文撰写等高阶技能上。这种教学内容与学生实际需求的错位，导致学生在尚未扎实掌握基础技能的情况下，被迫应对复杂的任务，学习效果大打折扣。不仅无法有效提升信息素养，还可能使学生对信息素养课程产生畏难情绪，降低学习积极性。

信息素养教育在培养学生系统性解决问题思维方面存在明显短板，这也反映出教学内容实用性的不足。尽管学生在课程学习过程中掌握了信息检索的基本技巧，并且接触了一些信息管理与分析工具，但在面对实际问题时，超过 80%的学生表现出对搜索引擎这一单一途径的过度依赖①。这表明学生难以将所学的检索知识灵活运用，构建多元化的解决方案。这一现象揭示了课程在教学过程中，未能有效引导学生将所学知识融会贯通，形成系统性的思维模式，以应对复杂多变的实际问题。教学内容缺乏对学生综合应用能力的针对性训练，使得学生在实际场景中无法充分发挥所学信息素养知识的作用，降低了信息素养教育的实用性和有效性。

大学生信息素养教育要实现高质量发展，必须高度重视并切实解决教学

① 徐笑一. 我国高校信息素养教育 SCPT 培养模式研究［J］. 图书馆学研究，2017（10）：16-19，57.

内容实用性问题。应紧密结合学生实际需求与未来职场面临的挑战，对课程设置进行全面调整。强化信息安全、信息伦理等现代职场必备技能的培养，确保教学内容与时俱进，满足职场对人才信息素养的要求。同时，注重分阶段教学，根据学生不同学习阶段的特点和需求，合理安排教学内容，循序渐进地提升学生的信息素养。以系统性思维训练为核心，加强学生综合应用能力的培养，使学生能够在实际问题中灵活运用所学知识，构建多元化解决方案，全面提升学生的信息素养与解决问题的能力，为其未来的职业发展和个人成长奠定坚实基础。

3. 信息素养教学方式亟待多样化

在大学生信息素养教育的发展进程中，教学方式的多样性对于提升教育质量、满足学生多元需求起着至关重要的作用。当前，尽管新的教学模式如慕课已崭露头角，但整体教学方式仍面临诸多挑战，亟待实现多样化发展。

慕课自兴起以来，为信息素养教学领域注入了新的活力。其核心目标在于借助共享名校名师的优质课程资源，推动教育资源实现最大化利用①。在信息素养教育范畴内，慕课展现出丰富多样的教学模式，涵盖独立课程模式、模块嵌入模式、混合教学模式，以及构建平台模式。这种模式的多样性为教学提供了更多的选择和灵活性，能够满足不同学校、不同学生的多样化需求。同时，其教学内容呈现出宽泛化、多元化及非结构化的特点，突破了传统教学内容的局限性，为学生提供了更广阔的知识视野②。

部分高校积极投身于将慕课融入传统课堂教学的探索，并取得了令人瞩目的成效。华南农业大学实施的混合式信息素养教学模式，通过整合线上线下教学资源，实现了优势互补，为学生创造了更加丰富和立体的学习体验③。上海交通大学在“中外文学术资源检索与利用”课程中采用的翻转课堂模式，转变了传统的教学流程，让学生在课前通过慕课自主学习基础知识，课堂上

① 叶艳鸣. 慕课，桥东图书馆新变革的支点［J］. 国家图书馆学刊，2014（2）：3-9.

② 张丹. MOOC 环境下我国信息素养教育研究综述［J］. 图书情报工作，2016（11）：143-148.

③ 欧群. MOOC 环境下混合式信息素养教学模式研究［J］. 图书情报工作，2015，59（14）：85-89.

则专注于深入讨论和实践应用，极大地提高了学生的学习积极性和参与度[①]。华东师范大学李明华教授对“慕课+本地大学教授面对面深度参与教学”的混合教学模式给予高度评价，认为其融合了线上资源的丰富性和线下教学的深度互动性，具备巨大的发展潜力[②]。这些成功案例充分证明了慕课在信息素养教学中的可行性和有效性。

然而，慕课这一新型教学模式在信息素养教育领域的推广和应用仍面临诸多阻碍。尽管它为教学开辟了新的路径，但尚未引起业界的广泛重视。图书馆及相关教学部门大多依然因循守旧，沿袭传统的授课方式。这种对新教学模式的忽视，使得信息素养教学难以充分利用慕课所带来的优势，限制了教学的创新与发展。

更为关键的是，现有的信息素养慕课课程存在一定的局限性。大多数课程过于侧重信息技能或工具知识的传授，而在学生信息意识的培养及科学信息思维模式的建立方面有所欠缺。信息意识是学生主动获取、利用信息的内在驱动力，科学的信息思维模式则是学生正确分析、处理信息的关键能力。忽视这两方面的培养，学生即便掌握了信息技能和工具知识，也难以真正具备全面的信息素养，无法在复杂多变的信息环境中灵活运用所学知识。这一问题成为了当前信息素养教育中亟待解决的关键环节。

总之，为了更好地适应学生的多样化需求，全面提升信息素养教学效果，信息素养教学方式亟待多样化。一方面，需要加大对新型教学模式如慕课的推广力度，鼓励更多的学校和教学部门积极尝试和应用，充分发挥其优势。另一方面，要注重对慕课课程内容的优化，加强对学生信息意识和科学信息思维模式的培养，使教学内容更加全面和完善。只有通过不断丰富和创新教学方式，才能为大学生信息素养教育注入新的活力，培养出具备全面信息素

① 蒋丽丽，陈幼华. 基于翻转课堂的高校信息素养教育设计研究［J］. 图书馆杂志，2015（12）：23-28，76.

② 李明华. Moocs 革命：独立课程市场形成和高等教育世界市场新格局［J］. 开放教育研究，2016，19（3）：11-29.

养的高素质人才。

4. 学校对信息素养课程的支持力度有待加强

在大学生信息素养教育的发展历程中，自 1984 年教育部颁布《关于在高等学校开设“文献检索与利用”课的意见》，信息素养课程历经演变，已从原有的文献检索课逐步发展成为一个体系相对完备的学科。然而，在从理论构建迈向实际教学运作的过程中，该课程遭遇了一系列现实挑战，集中凸显出学校对其支持力度存在明显不足。

信息素养课程在高校课程体系中的地位普遍未得到充分重视。多数高校虽已将其纳入公选课或通识类选修课范畴，但与思想政治、英语、体育等作为高校人才培养体系核心组成部分的必修课程相比，信息素养课程尚未正式跻身必修课程行列。这种地位差异直接反映在开课率上，面向本科生的信息素养课程开课率仅为 69.17%，远低于预期的普及标准①。开课率不高意味着相当一部分学生无法获得系统学习信息素养课程的机会，这不仅限制了学生信息素养的提升，也表明学校在课程规划和资源分配上，未能充分认识到信息素养课程对于学生综合能力培养的重要性，使得信息素养课程在高校人才培养的整体布局中处于边缘地位。

师资力量的匮乏成为阻碍信息素养课程发展的关键因素。鉴于信息素养课程需要面向全校各专业学生授课，这对具备专业素养的师资队伍有着较大需求，而图书馆老师通常是承担这一教学任务的主体力量。然而，在一些规模较小的学校，能够胜任信息素养教学工作的图书馆员数量严重短缺。以某具体学校为例，仅有 3 名图书馆员具备相应教学能力，如此有限的师资队伍，难以满足全校范围内开设信息素养课程的需求。这不仅导致课程的开设规模受限，而且教师因教学任务过重，难以投入足够精力进行教学研究和课程优化。同时，图书馆作为信息素养教育的重要阵地，较少举办相关讲座，这进一步限制了信息素养教育在校园内的传播与深化，使得学生获取信息素养知

① 洪跃，付瑶，杜辉，等. 国内高校图书馆信息素养教育现状调研分析［J］. 大学图书馆学报，2016（6）：90-99.

识的渠道相对单一，不利于信息素养课程在校园内的广泛推广和深入开展。

教学资源的有限性是信息素养课程面临的又一严峻挑战。信息素养课程的教学内容大量涉及中外文数据库的使用，而购买这些数据库需要高昂的费用。近年来，英文数据库价格增长迅猛，给高校的经费预算带来巨大压力。在资源有限的情况下，部分高校在数据库采购决策时，不得不优先保障常用中文数据库的购买，相应减少英文数据库的采购数量。这一现实状况直接影响到信息检索课的教学内容完整性，有关英文数据库的教学内容难以充分展开。学生无法全面接触和掌握各类数据库的使用方法，这对于培养学生在国际化信息环境下的信息检索和利用能力极为不利，也反映出学校在教学资源保障方面，未能为信息素养课程提供充足的支持，影响了课程教学目标的实现和教学质量的提升。

教学硬件条件的不足同样制约着信息素养课程的发展。作为一门实操性较强的课程，信息素养课程的教学效果与硬件条件紧密相关。理想的授课环境应具备相应的设施设备，以满足学生实践操作的需求。然而，学校在硬件建设方面未能充分考虑信息素养课程的特殊要求，导致教学硬件设施无法满足课程教学需要。例如，可能存在计算机设备陈旧、网络环境不稳定等问题，这些都会影响学生的实践操作体验和学习效果，使得学生在信息检索、信息分析等实践环节无法得到有效的锻炼，进而阻碍了学生信息素养技能的提升。

学校对信息素养课程在课程地位、师资队伍建设、教学资源供给，以及教学硬件条件等方面的支持力度不足，严重影响了信息素养课程的发展和教学质量的提升。为了切实提高大学生的信息素养水平，学校需要重新审视信息素养课程的重要性，加大全方位的支持力度，以保障信息素养课程能够在高校人才培养中发挥应有的作用。

（四）数字时代下大学生信息素养存在的问题

数字时代的到来，使信息传播与交流发生了根本性变革。在这一背景下，大学生信息素养存在的问题逐渐凸显，这些问题不仅影响着大学生个人的成长与发展，也对整个社会的知识传承和创新产生一定的影响。

1. 信息意识薄弱，敏锐度缺失

新媒体平台的蓬勃发展，极大地促进了信息的交流，信息传播速度达到了前所未有的程度。大学生身处这样信息爆炸的环境中，却未能充分认识到信息的重要价值。信息作为一种关键资源，对社会发展起着推动作用，是个人综合素质提升的重要支撑，更是科研能力培养的基础要素。然而，大学生对所处的信息社会和信息环境缺乏足够的敏锐感知和深入洞察。他们往往忽视信息带来的潜在机遇，未能主动将信息与自身发展相联系。这种信息意识的薄弱，使得他们在面对海量信息时，难以甄别和筛选出对自己有价值的内容，无法充分利用信息资源来提升自己，从而在信息时代的浪潮中处于被动地位。

2. 信息知识掌握不全面

数字时代，信息以指数级速度增长，其形态丰富多样，涵盖传统的文本信息，以及图形、图像、声音、视频等非文本信息。面对如此繁杂的信息世界，大学生普遍感到迷茫与困惑。他们对信息化社会缺乏全面且深入的理解，这导致在信息获取过程中，难以准确把握有效信息。信息分析能力的不足，使得他们无法从海量信息中提炼出关键要点，进而无法将信息合理运用到学习和生活中。信息知识掌握得不全面，限制了大学生对信息的有效利用，影响了他们解决实际问题的能力和学习效率的提升。

3. 信息技能欠缺，实践能力不足

信息技能作为大学生信息素养的核心部分，集中体现了他们综合运用信息的能力。尽管高校普遍开设了计算机应用基础和信息检索等相关课程，但教学效果不尽如人意。许多学生的学习仅停留在表面，以应付考试为目的，缺乏将所学知识应用于实践的主动性和能力。新媒体平台的出现，为大学生获取信息提供了更为广阔的渠道，但多数学生仅将其用于社交和娱乐，未能充分挖掘这些平台在学习和科研方面的巨大潜力。面对海量且复杂多变的信息，大学生缺乏有效的处理能力，无法将多样化的信息进行有机融合，难以

实现信息利用的最大化。这种信息技能的欠缺和实践能力的不足，严重制约了大学生在数字时代的学习和发展。

4. 信息伦理意识淡薄，法律观念不强

随着数字技术的持续发展，大学生在信息伦理方面暴露出诸多问题。在个人信息和隐私保护方面，他们重视程度不够，在浏览网页和使用社交软件时，缺乏必要的防范意识，容易导致个人信息泄露，给自己带来潜在的风险。在面对网络上充斥的淫秽、低俗、封建等有害信息时，部分大学生缺乏正确的判断能力，容易受到这些不良信息的影响和误导。此外，学术领域中部分大学生不尊重知识产权，存在盗取他人学术成果、学术造假等行为。这些行为不仅违背了学术规范，破坏了学术环境的公正性，也严重损害了道德底线，甚至触犯了国家法律法规。信息伦理意识的淡薄和法律观念的缺失，反映出大学生在信息素养教育中的短板，加强相关教育刻不容缓。

数字时代下大学生信息素养存在的这些问题，反映出教育体系在信息素养培养方面的不足。为了使大学生更好地适应数字时代的发展需求，必须针对这些问题，采取有效措施，加强信息素养教育，提升大学生的信息意识、知识、技能，以及伦理道德水平。

二、数字时代下大学生信息素养提升的必要性

在数字技术蓬勃发展的当下，网络信息资源正以指数级态势迅猛增长，展现出数量庞大、增速惊人、内容形式丰富多元的显著特征。数字技术的持续革新催生出微博、微信、QQ、今日头条等众多信息平台，极大地丰富了人们获取信息的渠道，让信息得以以更便捷、更快速的方式呈现在大众眼前。大学生作为与新媒体深度接触的主要群体，不可避免地受到新媒体的全方位影响。

数字时代背景下，信息繁杂多样，各类信息的效用价值差异巨大，其真实性与健康程度更是参差不齐。这一现状给大学生获取和利用信息带来了前所未有的挑战，而这与大学生沟通技能的发展紧密相关，提升大学生信息素

养对于促进其沟通技能显得尤为必要。

首先，精准的信息获取能力是良好沟通的基石。在沟通场景中，无论是日常交流、学术探讨还是职场沟通，准确且有针对性地获取信息至关重要。新媒体环境下信息的海量与繁杂，容易使大学生在信息海洋中迷失方向。若缺乏良好的信息素养，无法筛选出有价值的信息，在沟通时便可能缺乏有力的论据支持，导致表达空洞无物，难以准确传达自身观点。例如，在小组讨论、课堂发言或论文答辩等场景中，具备高信息素养的学生能够迅速从海量信息中提取关键内容，清晰阐述观点，与他人进行高效沟通；反之，信息素养不足的学生可能因获取片面或不准确的信息，在沟通中出现理解偏差、表述混乱等问题。

其次，信息的有效甄别能力直接影响沟通的质量。新媒体上的信息真假难辨，虚假信息、误导性内容充斥其中。大学生在沟通过程中，若无法有效甄别信息的真伪，可能会传播错误信息，不仅影响自身在沟通对象心中的形象，还可能引发误解和冲突。例如，在网络社交平台的交流中，对未经证实的消息不加辨别地转发和传播，容易造成不良影响。而具备较强信息甄别能力的大学生，能够在沟通前对信息进行批判性思考和分析，确保所传达的信息真实可靠，从而提升沟通的可信度和说服力，促进良好沟通关系的建立。

再次，信息的合理利用能力有助于提升沟通的效果。沟通不仅仅是信息的传递，更是信息的合理运用以达成特定目标。大学生拥有良好的信息素养，就能根据不同的沟通场景和对象，灵活运用所获取和甄别后的信息，调整沟通策略。例如，在求职面试中，能够结合岗位要求和企业信息，有针对性地展示自己的优势和能力；在与不同文化背景的人交流时，能依据对方的文化特点和信息偏好，选择合适的表达方式和内容，使沟通更加顺畅、有效。

最后，信息素养中的媒介运用能力与沟通技能相辅相成。新媒体提供了丰富多样的沟通媒介，不同媒介具有不同的特点和适用场景。大学生只有具备良好的信息素养，熟悉各种新媒体平台的功能和使用规则，才能根据沟通目的和对象选择合适的媒介，并熟练运用媒介工具进行信息的传递和交流。

例如，在进行正式商务沟通时选择电子邮件或专业即时通信工具，在与朋友分享生活时使用社交平台等。正确的媒介选择和熟练运用能够增强沟通的效率和效果，提升大学生在不同沟通场景中的适应能力。

总之，数字时代及新媒体背景下，提升大学生信息素养对于促进其沟通技能具有不可忽视的重要性。信息素养的各个维度，从信息获取、甄别到利用，以及媒介运用能力，都与大学生沟通技能的发展息息相关。只有不断提升信息素养，大学生才能在复杂多变的新媒体环境中，更好地获取、处理和运用信息，从而实现高效、准确、有质量的沟通，为自身的学习、生活和未来发展奠定坚实基础。

三、数字时代下大学生信息素养提升的策略研究

（一）以学习者为中心：重塑高校教育模式与信息素养教学

在技术迅猛发展的时代浪潮下，高校教育正处于深刻的范式转型期，从传统的以教师为中心模式向以学习者为中心的模式转变。这一转变并非简单的教学形式调整，而是涉及教学理念、教师角色定位、教学方式，以及课程内容设计等多方面的系统性变革，对高校教育的整体生态产生深远影响。

1. *以学习者为中心的高校教育模式变革*

传统的以教师为中心的教育模式，强调教师在知识传授中的主导地位，学生多处于被动接受知识的状态。然而，随着时代发展，这种模式已难以满足学生多元化的学习需求和社会对创新型人才的要求。以学习者为中心的教育范式转变，要求我们在教学理念上进行彻底革新。这种理念强调学生的主体地位，将学生的需求和兴趣置于教学设计的核心位置，旨在激发学生的主动学习意识和创新思维能力。

在此背景下，教师的角色发生了重大转变。教师不再仅是知识的单向传授者，而逐渐成为知识的引导者与组织者。从课程执行者到课程开发者的转变，意味着教师需要深入了解学生的特点和需求，结合教学目标，创造性地

设计课程内容和教学活动。从依赖教材的教书匠成长为教育的研究与创新者，教师要不断探索新的教学方法和手段，以适应不断变化的教育环境。作为学生的指导者和协助者，教师需要关注学生的学习过程，及时给予指导和支持，帮助学生更好地掌握知识和技能，培养自主学习能力。

2. 信息素养教学在变革中的调整

信息素养教学作为高校教育的关键组成部分，必然要顺应这一以学习者为中心的变革趋势。慕课团队在开发“信息素养通识教程”时，充分考虑到不同教育层次学生的需求差异，这体现了以学习者为中心的设计理念。

对于低年级本科生，信息素养课程的重点在于普及性内容。培养信息素养意识和数据素养意识是基础，让学生认识到信息在当今社会的重要价值以及数据在信息时代的关键作用。了解信息安全和信息道德的重要性，有助于学生在信息获取和使用过程中树立正确的价值观和行为准则。教授基本的信息检索和信息分析能力，能够为学生提供获取和处理知识的工具，而训练严谨系统的信息思维习惯，则为学生的终身学习和发展奠定坚实基础。

在教学过程中，为增强课程的吸引力和实效性，教学方式的选择至关重要。教师在介绍理论知识时，运用学生广泛可知的案例是一种行之有效的方法。以“信息伦理”章节为例，通过引入 2016 年深圳的“罗尔事件”，将抽象的信息伦理概念具象化。这样贴近学生生活的案例，能够引发学生的深入思考和热烈讨论，使他们更主动地参与到课程学习中，从而提高学习兴趣和学习效果。

3. 信息素养教学与大学生沟通技能提升的融合

在信息社会中，有效的沟通技能是个人和团队取得成功的重要因素。将大学生的沟通技能融入信息素养教学，不仅丰富了信息素养课程的内涵，也为学生在信息时代的全面发展提供了有力支持。

信息素养课程可以设计一系列与沟通技能相关的实践活动，如小组讨论、角色扮演等。在小组讨论中，学生需要分享自己对信息的理解和分析，倾听他人的观点，并进行有效的交流和合作。这一过程不仅锻炼了学生的口头表

达能力，还培养了他们的团队协作精神和批判性思维能力。角色扮演则让学生在模拟的情境中，运用所学的信息知识和沟通技巧，解决实际问题，进一步提升他们在不同场景下的沟通应变能力。

通过信息素养教学提升大学生的沟通技能，存在内在的逻辑联系。信息素养的提升使学生能够更准确地获取、分析和表达信息，这为有效沟通提供了坚实的基础。当学生具备良好的信息检索和分析能力时，他们在沟通中能够提供更有价值的观点和信息；而对信息伦理的正确理解，则确保学生在沟通中遵循道德规范，尊重他人的意见和权益。反过来，沟通技能的提升又有助于学生更好地展示自己的信息素养成果，促进信息的有效传播和共享，进一步推动信息素养的发展。

以学习者为中心重塑高校教育模式与信息素养教学，是适应时代发展的必然选择。通过明确教师的新角色、优化课程内容设计，以及注重教学方式的创新，尤其是将信息素养教学与大学生沟通技能提升有机融合，能够更好地满足学生的学习需求，培养出具备信息素养和良好沟通能力的综合性人才，为社会的发展和进步提供有力的人才支持。

（二）构建新媒体平台生态，强化大学生信息感知力

在数字时代的大背景下，信息传播的方式和速度发生了根本性变革。对于大学生而言，信息感知力的强弱不仅影响着他们知识的获取、视野的拓展，更对其沟通技能的提升有着深远意义。信息素养作为一种综合能力，涵盖了信息意识、知识、技能，以及伦理等多个维度，而信息感知力是信息素养的重要组成部分。强化大学生信息感知力，能够为提升其信息素养奠定坚实基础，进而促进沟通技能的提高。在此过程中，构建新媒体平台生态成为一项关键举措。

1. 高校新媒体平台的重要作用与建设方向

高校在大学生成长过程中扮演着重要的引导角色，在强化学生信息感知力方面肩负着不可推卸的责任。新媒体平台凭借其传播速度快、覆盖面广、

互动性强等特点，为高校提供了一个强大的信息传播工具，在增强大学生信息意识方面蕴含着巨大潜力。

高校积极打造并利用新媒体平台，如官方微博账号、官方微信公众号等，具有重要意义。这些平台作为信息传播的关键窗口，能够为学生提供多元化的信息资源。学术交流信息有助于学生紧跟学科前沿动态，拓宽专业视野，为在学术沟通场景中提供丰富的知识储备。时事热点信息使学生了解社会发展趋势，培养社会责任感，在与他人交流社会话题时更具深度和广度。科技新知能激发学生对新知识、新技术的兴趣，提升创新思维，在跨学科交流或日常讨论科技话题时更有见解。校园生活信息贴近学生实际，增强学生对校园的归属感和参与感，促进学生之间、学生与学校之间的有效沟通。就业指导信息则为学生未来职业发展提供方向，在求职过程中的沟通交流更具针对性和实用性。

通过这些平台定期发布各类信息，营造出信息丰富、更新迅速且贴近学生需求的媒体环境，能够让学生置身于一个充满信息刺激的空间，促使他们不断接触和处理各种信息，从而逐步提高对信息的敏感度。

2. 新媒体平台管理运营机制的关键意义

建立健全新媒体平台的管理和运营机制，对于提升信息时效性和吸引力至关重要。及时更新信息能够让学生获取到最新的资讯，保持对信息的关注度；精准推送则可以根据学生的不同需求和兴趣，将相关信息推送给特定群体，提高信息的接收效率和相关性。

这种机制的有效运行，有助于提升学生对信息的敏感度，激发他们的信息获取欲望。当学生习惯了从这些平台获取高质量、及时且符合自身需求的信息后，会在日常学习生活中形成对信息的警觉和关注，主动去挖掘和探索更多有价值的信息。这种信息获取的主动性和敏锐性，是信息素养提升的重要体现，为提高沟通技能提供了有力支持。因为在沟通中，拥有丰富且及时的信息储备，能够使学生在表达观点、回应问题时更加自信和准确，增强沟通的效果。

3. 大学生新媒体使用观念的引导与影响

当代大学生作为数字时代的主力军，树立积极健康的新媒体使用观念至关重要。主动关注学校的官方新媒体账号，将其作为获取有价值信息的重要途径，对于大学生信息感知力的培养具有积极作用。

通过持续关注时事热点，大学生能够了解社会不同层面的动态，在与他人交流社会现象时，能够基于丰富的信息背景发表独到见解，避免沟通内容的空洞和片面。关注学术动态，有助于学生在学术交流场合中与老师、同学进行深入探讨，跟上学科发展步伐，提升学术沟通能力。对校园生活信息的关注，能使学生更好地融入校园环境，在与同学、老师的日常沟通中更加顺畅，增强校园人际关系的和谐度。

在这个过程中，大学生逐步培养起对信息的敏锐感知和主动获取习惯，信息素养也随之不断提升。信息素养的提升又会进一步促进沟通技能的提高。当学生具备较强的信息感知力时，他们能够在沟通中迅速捕捉对方话语中的关键信息，理解对方意图，做出恰当回应。同时，丰富的信息储备也使他们能够运用多样化的表达方式，更加清晰、准确地传达自己的观点，从而在各种沟通场景中表现得更加自信和从容。

构建新媒体平台生态，强化大学生信息感知力，是提升大学生信息素养、促进沟通技能提高的重要途径。高校通过打造优质的新媒体平台并有效运营，引导学生树立正确的新媒体使用观念，能够帮助大学生在信息爆炸的时代更好地适应社会发展需求，提升自身综合素质，为未来的学习、生活和工作打下坚实基础。

（三）重构课程体系，深化大学生信息知识掌握

在数字时代，信息的海量增长与快速传播对大学生的信息素养提出了更高要求。信息知识作为信息素养的重要基石，对于大学生在学术研究、日常交流，以及未来职业发展中的沟通能力有着深远影响。深化大学生对信息知识的掌握，成为提升其信息素养、进而提高沟通技能的关键环节，而课程体系的重构则是实现这一目标的重要途径。

1. 信息知识与教育信息化的重要性

信息知识在大学生信息素养的构建中占据基础性地位。它涵盖了信息的来源、类型、获取方法、处理技巧，以及信息传播与利用的原则等多个方面。扎实的信息知识储备，是大学生在复杂的信息环境中准确识别、筛选、分析和运用信息的前提，也是他们在各种沟通场景中有效表达观点、理解他人意图的重要支撑。

随着时代的发展，教育信息化已成为教育现代化的核心内涵与关键推动力量。在当今数字化浪潮下，传统的教育模式面临着诸多挑战，难以满足学生对多元化知识的需求，以及适应快速变化的社会环境。教育信息化打破了时间与空间的限制，为教育带来了新的机遇与活力，成为实现教育现代化不可或缺的重要组成部分。

2. 高校课程体系重构的必要性

面对教育信息化的大趋势，传统的“填鸭式”教学模式已无法适应现代教育的需求。这种教学模式注重知识的单向灌输，忽视了学生的主动性和创造性，限制了学生信息素养的发展。高校作为培养高素质人才的重要场所，肩负着引领教育创新的使命，必须积极探索多元化的教学手段，以提升学生的综合能力。

课程体系作为教育教学的核心框架，直接影响着学生的知识结构和能力培养。因此，高校有必要对现有的课程体系进行优化，将信息素养教育提升到更为重要的位置，使其成为培养学生全面发展的重要组成部分。

3. 多元互补课程体系的构建

（1）实体课堂的革新

实体课堂教学在知识传授方面具备独特优势，能够为学生营造面对面的互动交流环境，便于教师实时了解学生的学习状况，并给予针对性的指导。在信息素养教育中，实体课堂应着重聚焦信息素养的理论基石，为学生搭建系统的知识架构。

信息检索课程作为信息知识学习的重要依托，应以实践为导向开展教学

活动。通过实际案例剖析、模拟操作等形式，引导学生熟练掌握各类信息检索工具的使用方法，学会依据不同需求制定行之有效的检索策略，提升学生从海量信息中精准获取所需信息的能力。这种实践能力的培育，不仅有助于学生在学术研究中高效获取资料，还能使他们在日常沟通和职业发展进程中，迅速定位解决问题所需的信息，增强沟通的精准性与有效性。

（2）网络平台的运用

随着互联网技术的蓬勃发展，慕课、钉钉等网络教学平台为教育教学提供了丰富的资源以及便捷的渠道。高校应充分借助这些网络平台，拓展学生的学习途径。

借助网络平台，可以邀请不同领域的专家学者开展专题讲座，分享前沿的信息知识与研究成果，拓宽学生的视野。同时，利用网络平台的答疑功能，学生能够随时向教师或其他专业人士咨询问题，及时化解学习过程中遇到的难题。完善的课后评价体系则有助于教师获取学生的学习反馈，据此对教学内容和方法进行调整优化，提升教学质量。

网络教学模式打破了诸多限制，使学生能够依据自身的节奏和需求安排学习，有效激发学生的学习兴趣与主动性。学生在自主学习期间，需要主动筛选和整合信息，这有利于培养他们的信息处理能力与独立思考能力。这些能力的提升，将进一步助力学生在沟通中更为清晰地表达自身观点，准确理解并恰当回应他人的意见，进而提高沟通技能。

重构课程体系，通过实体课堂与网络平台多元互补的方式深化大学生对信息知识的掌握，是提升大学生信息素养、提高沟通技能的必然选择。这种课程体系的变革，能够助力大学生更好地顺应数字时代的发展需求，为他们未来的学习、工作和生活筑牢根基，使其在信息交流与沟通中展现出更高的水准与能力。

（四）举办多元化技能竞技活动，强化大学生信息技能

在数字时代，信息传播方式发生了深刻变革，新媒体平台如微博、微信、

QQ 等成为信息交流的重要渠道。对于大学生而言，这些平台不仅是社交工具，更是探索专业领域信息的重要窗口。强化信息技能，不仅关乎大学生信息素养的提升，也与他们沟通技能的发展紧密相连，而举办多元化技能竞技活动则是实现这一目标的有效途径。

举办多元化技能竞技活动的作用主要体现在以下几点。

1. 激发学习热情

高校举办的多元化信息技能竞技活动，能够激发大学生学习信息技能的内在动力。这些活动以趣味性和挑战性为特点，吸引学生积极参与。例如，信息检索竞赛要求学生在规定时间内从海量信息中找到特定问题的答案，这不仅考验学生的信息检索速度，还要求他们具备精准筛选信息的能力。通过参与此类活动，学生能够感受到信息技能的实用性和重要性，从而更加主动地学习和提升自己。

2. 实战锻炼与提升

技能竞技活动为大学生提供了实践锻炼的平台。在模拟真实场景的竞赛中，学生需要运用所学的信息技能解决实际问题，如在信息分析竞赛中，学生要对给定的复杂信息进行分析、整合，并提出解决方案。这种实战锻炼能够让学生更加熟练地掌握信息技能，提高应对实际问题的能力。同时，在团队竞赛中，学生还能锻炼沟通协作能力，学会如何在团队中有效地分享信息、表达观点，从而促进沟通技能的提升。

3. 深化信息理解与应用

参与竞技活动能够使大学生更加深入地理解信息的重要性，掌握更多实用的信息技能。通过竞赛中的反馈和总结，学生可以发现自己在信息技能方面的不足之处，并针对性地进行学习和改进。同时，活动也鼓励学生将信息技能应用到不同领域，培养他们的创新思维和跨学科能力。这些能力的提升将为大学生未来的学习和职业生涯奠定坚实基础，使他们在沟通中能够更加自信、准确地表达自己的观点，更好地理解他人的需求，实现有效的信息交流。

总之，强化信息技能是提升大学生信息素养的关键环节，而举办多元化技能竞技活动则是促进大学生信息技能发展的有效手段。通过这些活动，大学生不仅能够提高信息获取、甄别、融合与利用的能力，还能在实践中锻炼沟通技能，为适应未来社会的发展需求做好充分准备。

（五）强化大学生法律法规意识，塑造信息伦理道德观

在数字时代，新媒体的蓬勃发展使信息传播的速度和规模达到了前所未有的程度。网络信息的海量涌现，在为大学生提供丰富知识资源的同时，也带来了诸多复杂的问题，强化大学生法律法规意识、塑造信息伦理道德观成为亟待解决的重要课题，这一举措对于提升大学生信息素养，以及沟通技能具有深远意义。

1. 新媒体环境下大学生面临的问题

新媒体的广泛应用，让网络信息呈现出爆炸式增长，其复杂性和难辨性给大学生带来了严峻挑战。一方面，信息诈骗和陷阱层出不穷。诈骗分子利用大学生社会经验不足、信息甄别能力有限的特点，设计各种复杂的骗局。例如，通过虚假的网络兼职信息吸引大学生，以缴纳手续费、保证金等为由实施诈骗；或者利用虚假中奖信息，诱导大学生点击链接，从而获取个人信息并实施进一步的侵害。大学生一旦陷入这些陷阱，不仅会遭受经济损失，还可能对其心理造成负面影响，进而影响他们在信息交流中的自信和能力。

另一方面，学术领域的不良行为也在侵蚀着大学生的学术道德底线。学术造假、论文抄袭、一稿多投等现象日益严重。部分学生在完成课程作业时，未能充分认识到尊重他人知识成果的重要性，简单地抄袭拼凑，严重违背了学术规范。这种行为不仅破坏了学术环境的公正性和严肃性，损害了信息环境的健康发展，还对大学生自身的声誉和未来发展产生了极大的负面影响。从长远来看，缺乏严谨学术态度和道德规范的学生，在未来的学术交流和职业沟通中，难以赢得他人的信任和尊重，其沟通效果也会大打折扣。

2. 高校在强化教育中的作用

高校作为人才培养的重要阵地，在提升大学生信息伦理道德水平方面肩负着不可推卸的责任。借助新媒体平台开展信息法律法规的专题讲座和宣传活动，是行之有效的教育方式。微博具有信息传播迅速、覆盖面广的特点，高校可以通过官方微博发布信息法律法规的知识点、案例解析等内容，以简短精炼的文字吸引学生关注，引导他们思考。微信公众号则能够推送深度文章，详细解读法律法规条文，结合实际案例分析违法违规行为的后果，让学生深入理解法律规定。抖音短视频以生动形象的视频形式呈现教育内容，通过情景短剧、专家讲解等方式，使抽象的法律知识变得通俗易懂，易于学生接受。

通过这些多样化的宣传活动，能够让大学生系统地学习信息法律法规知识，深刻认识到遵守法律的重要性。当大学生了解到信息传播过程中的法律边界时，他们在信息交流中会更加谨慎和规范，从而提升信息素养。在与他人沟通时，能够基于合法合规的信息进行交流，避免因传播违法信息而引发的不良后果，使沟通更加健康、有效。

3. 大学生自身应采取的行动

大学生作为信息接收者和传播者，需主动提升法律法规意识与信息伦理道德观。首先应自觉学习相关法律法规，明确信息活动中的权利与义务。在网络信息交流中，注重保护个人信息和尊重知识产权，不随意填写敏感信息，引用他人内容时按学术规范标注。发表学术评论和见解时，秉持客观公正的理性态度，遵循学术规范，勇于表达创新观点，不发表有害言论。这种自律和责任感有助于维护健康信息环境，提升沟通形象与影响力，利于建立信任关系，提高沟通技能。

第二节　思维能力强化策略：多层次训练体系与实践应用

在数字时代，信息传播的速度和方式发生了巨大变化，海量信息充斥在

大学生周围。思维能力作为沟通技能的核心支撑，对于大学生在复杂环境中清晰、准确地表达观点，理解他人意图，实现有效沟通至关重要。因此，强化大学生的思维能力成为培养其沟通技能的关键策略。

一、数字时代下提高大学生沟通技能需强化的思维

在数字时代，信息传播呈现出高速、海量且复杂的特点。大学生身处这样的环境中，沟通场景与方式不断变化。为了在各类沟通情境中准确表达自己、理解他人，进而实现有效沟通，强化批判性思维、逻辑思维与创新思维显得尤为重要。

（一）批判性思维

1. 批判性思维概述

（1）批判性思维的定义与核心内涵

批判性思维是一种经过严谨训练、理性且深入的思考方式，它在人们的学习、工作和生活中发挥着关键作用。

批判性思维是对所学知识、所接触的信息，以及形成的观点进行分析、评估和质疑的思维过程。它并非无端地否定一切，而是基于理性和客观事实，审慎地思考问题，探究事物的本质与真相。核心在于通过对思维过程和结果的反思，识别其中的逻辑漏洞、不合理假设，以及潜在偏见，从而形成更加准确、全面、合理的判断。

（2）批判性思维的主要特征

第一，质疑精神。不盲目接受现成的结论、观点或信息，对其真实性、可靠性和合理性提出疑问。例如，在阅读一篇学术论文时，批判性思维者会思考研究方法是否科学、数据是否真实可靠、论证过程是否严谨等问题，而不是直接将论文观点奉为真理。

第二，理性分析。运用逻辑推理、数据分析、事实依据等手段，对问题进行系统、全面的剖析。面对一个复杂的社会现象，批判性思维者不会仅凭

直觉或个人情感做出判断，而是从多个角度收集信息，分析各种因素之间的关系，权衡不同观点的利弊。

第三，开放性。愿意接纳不同的观点和意见，能够根据新的证据和合理的论证调整自己的看法。在团队讨论中，如果有人提出了与自己不同但有充分依据的观点，具有批判性思维的人会认真考虑，并反思自己观点的不足之处。

（3）批判性思维的思考过程

第一，识别问题。明确需要思考和解决的问题是什么，这是批判性思维的起点。在学习过程中，学生需要识别出课程中的关键问题；在工作中，员工要找出项目推进过程中面临的核心问题。

第二，收集信息。围绕问题收集各种相关信息，包括事实、数据、观点等。信息来源要广泛且可靠，如学术研究、专业报告、实际案例。

第三，分析评估。对收集到的信息进行分析，判断其真实性、相关性和重要性。同时，评估不同观点的合理性和论证的有效性，识别其中可能存在的逻辑错误、偏见或不合理假设。

第四，得出结论。在充分分析评估的基础上，综合各种因素得出合理的结论。这个结论应该是基于证据和理性思考的，并且具有一定的可信度和说服力。

第五，反思与验证。对得出的结论进行反思，思考结论的局限性和可能存在的问题。通过进一步的实践或研究来验证结论的正确性，必要时对结论进行调整和修正。

（4）批判性思维在不同场景中的应用示例

第一，学术领域。在撰写学术论文时，批判性思维帮助学生对前人的研究成果进行批判性的回顾和分析，找出研究的空白点和不足之处，从而确定自己的研究方向和创新点。在课堂讨论中，学生运用批判性思维对老师提出的观点进行思考和讨论，提出自己的见解，深化对知识的理解。

第二，职场环境。在项目策划过程中，团队成员运用批判性思维对项目

方案进行评估，分析方案的可行性、风险和潜在收益，提出改进建议，使项目方案更加完善。在面对工作中的决策时，批判性思维有助于决策者权衡各种选择的利弊，做出更加明智的决策。

第三，日常生活。在浏览新闻资讯时，批判性思维让人们能够辨别信息的真伪和客观性，不被虚假信息或片面观点所误导。在购买商品时，消费者运用批判性思维分析产品的宣传和实际性能，做出理性的消费决策。

2. 批判性思维在提升大学生沟通技能中的作用

（1）对沟通信息的甄别作用

数字时代，信息如潮水般涌来，其中不乏虚假、片面或带有偏见的内容。具备批判性思维的大学生，在沟通时能对接收的信息保持审慎态度。例如，在网络社交平台上，面对一篇关于某热点事件的文章，批判性思维强的学生不会盲目转发或认同，而是思考信息来源是否可靠，作者是否有特定立场，论据是否充分等。通过这样的思考，他们能辨别信息真伪，避免传播不实信息，在与他人沟通相关话题时，提供更准确、有价值的观点，提升沟通质量。

（2）促进深度沟通

批判性思维鼓励大学生对观点进行深入分析。在小组讨论、课堂辩论等沟通场景中，学生不满足于表面观点，而是进一步探究背后的假设、逻辑关系等。例如，在讨论人工智能对教育的影响时，批判性思维促使学生不仅看到人工智能带来的便利，如个性化学习资源推送，还会思考其可能带来的问题，如教育公平性受到冲击等。这种深度思考使沟通不再浮于表面，而是能围绕核心问题展开深入探讨，增进参与者对问题的理解，拓展沟通的深度与广度。

（3）提升沟通中的自我反思能力

在沟通中，批判性思维有助于大学生反思自己的观点和表达方式。当与他人观点产生分歧时，他们不会固执己见，而是反思自己的思考过程是否存在漏洞，表达方式是否恰当。例如，在与同学争论学术问题时，若对方提出不同看法，具备批判性思维的学生会重新审视自己的论证过程，考虑是否忽略了某些重要因素，进而调整自己的观点和沟通方式，使沟通更加顺畅、有效。

（二）逻辑思维

1. 逻辑思维概述

（1）逻辑思维的定义与本质

逻辑思维是一种基于逻辑规则和理性推理的思考方式，它在人类的认知、决策，以及各种实践活动中都起着至关重要的作用。

逻辑思维是指将思维内容联结、组织在一起的方式或形式。它通过概念、判断、推理等思维形式，对客观事物的规律和内在联系进行准确把握和反映。本质上，逻辑思维是人类运用理性对世界进行认识和理解的工具，确保思维过程的严密性、条理性和连贯性。

（2）逻辑思维的主要特点

第一，确定性。逻辑思维要求在同一思维过程中，每个概念和判断都必须有明确、固定的含义，不能随意变换。例如，在数学证明中，“三角形内角和为 180 度”这个概念是明确且固定的，不会在推理过程中突然改变其内涵。

第二，连贯性。各个思维环节之间存在紧密的逻辑联系，从前提到结论的推导过程遵循一定的逻辑规则，环环相扣，不能出现跳跃或矛盾。以三段论推理为例：“所有金属都能导电，铁是金属，所以铁能导电”，从大前提、小前提到结论，逻辑连贯，推理严谨。

第三，论证性。任何一个观点或结论都需要有充分的理由和证据来支持，通过合理的论证过程来确立其真实性和可靠性。在法庭辩论中，律师为了证明自己的观点，会列举各种证据，并运用逻辑推理来构建有力的论证。

（3）逻辑思维的基本逻辑规律

第一，同一律。在同一思维过程中，每一思想与其自身是同一的。即每个概念、判断在整个思维过程中都要保持自身的确定性，不能偷换概念或转移论题。例如，在讨论“什么是人工智能”这个话题时，就要始终围绕人工

智能的定义、特征等相关内容展开，不能中途跳到其他不相关的话题上。

第二，矛盾律。在同一思维过程中，两个互相矛盾或反对的思想不能同时为真，必有一假。例如，“这个苹果是红色的”和“这个苹果不是红色的”这两个判断不能同时成立。

第三，排中律。在同一思维过程中，两个互相矛盾的思想不能同假，必有一真。例如，“明天会下雨”和“明天不会下雨”，这两个相互矛盾的判断中必然有一个是真的。

（4）逻辑思维常见的逻辑推理形式

第一，演绎推理。从一般性的前提出发，通过推导即“演绎”，得出具体陈述或个别结论的过程。例如，“所有的哺乳动物都是胎生的，鲸鱼是哺乳动物，所以鲸鱼是胎生的”。演绎推理的前提和结论之间具有必然的联系，只要前提为真，推理形式正确，结论就必然为真。

第二，归纳推理。从个别事例中概括出一般性结论的推理形式。例如，人们通过观察多个金属受热膨胀的现象，归纳出“金属受热会膨胀”的一般性结论。归纳推理的结论超出了前提所断定的范围，前提与结论之间的联系不是必然的，而是或然的。

第三，类比推理。根据两个或两类对象部分属性相同，从而推出它们的其他属性也相同的推理。例如，人们发现声和光有不少属性相同，如直线传播、有反射、折射和干扰等现象，又已知声有波动性质，从而推出光也有波动性质。类比推理是一种或然性推理，其结论是否正确还有待进一步验证。

（5）逻辑思维在不同领域的应用

第一，科学研究。逻辑思维是科学研究的重要工具。科学家通过提出假设、设计实验、收集数据、分析结果等一系列逻辑严谨的步骤，来揭示自然规律和解决科学问题。例如，牛顿通过对苹果落地等现象的观察和思考，运用逻辑推理和数学计算，发现了万有引力定律。

第二，法律领域。法律条文的制定和法律案件的审理都离不开逻辑思维。律师需要运用逻辑推理来分析案件事实、寻找法律依据，并构建有力的辩护或起诉观点；法官则依据逻辑规则对双方的观点和证据进行审查和判断，做出公正的裁决。

第三，计算机编程。编程过程本质上就是将现实问题转化为计算机能够理解和执行的逻辑步骤。程序员需要运用逻辑思维来设计算法、编写代码、调试程序，确保程序的正确性和稳定性。例如，在设计一个排序算法时，程序员需要运用逻辑思维确定数据的比较和交换规则，以实现对数据的有效排序。

2. 逻辑思维在提升大学生沟通技能中的作用

（1）构建清晰的沟通框架

逻辑思维能帮助大学生在沟通中组织语言，构建清晰的表达框架。无论是口头表达还是书面沟通，都需要有明确的结构。以撰写论文为例，逻辑思维强的学生能合理安排章节结构，引言部分清晰阐述研究背景与目的，正文通过有条理的论证分析问题，结论部分准确总结研究成果。在口头汇报时，同样能按照一定逻辑顺序，如时间顺序、重要性顺序，清晰呈现内容，让听众轻松理解核心观点，避免信息混乱导致的沟通障碍。

（2）增强沟通的说服力

在沟通中，合理运用逻辑推理能使观点更具说服力。大学生在表达观点时，通过逻辑论证，如演绎推理（从一般原理推导出具体结论）、归纳推理（从具体事例总结出一般规律），为自己的观点提供有力支持。比如在说服他人支持自己关于校园环保活动方案时，运用归纳推理，列举其他学校类似活动取得的良好效果，再结合本校实际情况进行演绎推理，说明该方案在本校实施的可行性与必要性，使对方更容易接受自己的观点，提高沟通的成功率。

（3）确保沟通的准确性

逻辑思维要求在沟通中概念明确、判断准确。大学生在表达观点时，避免使用模糊、歧义的词汇，对事物的判断要基于准确的逻辑分析。例如，在讨论法律相关话题时，准确理解法律概念的内涵与外延，避免因概念混淆导致沟通错误。在阐述观点时，运用恰当的逻辑连接词，如“因为……所以……”

“首先……其次……最后……”，使表达层次分明，确保沟通信息准确传达，减少误解的产生。

（三）创新思维

1. 创新思维概述

（1）创新思维的定义与核心要点

创新思维是一种能够突破常规思维定式，以独特、新颖的方式提出问题和解决问题，并创造出具有价值成果的思维方式。它在推动社会发展、科技进步，以及个人成长等方面都发挥着关键作用。

创新思维旨在打破传统思维的束缚，通过重新组合已有的知识、经验、信息等要素，形成新的概念、观点、方法或产品。其核心在于突破常规、追求独特，以敏锐的洞察力发现潜在机会，运用丰富的想象力和创造力构建新的解决方案，为个人和社会创造前所未有的价值。

（2）创新思维的主要特征

第一，突破性。敢于突破传统思维的局限和既定的模式、规则。例如，苹果公司推出的iPhone手机，突破了传统手机以键盘操作和功能单一的模式，开创了以触摸屏为主要交互方式的智能手机新时代，彻底改变了人们的通信和生活方式。

第二，新颖性。产生的想法、观点或成果具有与众不同的独特之处。例如，艺术家创作的独特艺术作品，其表现形式、主题内涵等往往是新颖且独一无二的，给人带来全新的视觉和思维体验。

第三，灵活性。能够从多个角度、不同方向思考问题，快速转换思路。在解决复杂问题时，创新思维者不会局限于一种方法，而是根据实际情况灵活调整策略。例如，在设计新产品时，会尝试不同的材料、结构和功能组合，以找到最佳方案。

第四，开放性。乐于接受新信息、新观念，对各种可能性保持开放态度。创新思维者善于学习不同领域的知识，与不同背景的人交流合作，从中获取灵感和启发。例如，许多科技创新项目都是跨学科团队合作的成果，融合了多个领域的知识和技术。

（3）创新思维的思维过程

第一，准备阶段。明确问题所在，收集相关信息和资料，积累知识和经验。这是创新思维的基础，为后续的思考提供素材。例如，科学家在进行某项研究前，会广泛查阅前人的研究成果，了解该领域的现状和问题。

第二，酝酿阶段。对收集到的信息进行深入思考和分析，在潜意识中对问题进行加工处理。这个阶段可能不会立即产生明显的成果，但思维在暗中不断进行着各种尝试和组合。例如，作家在构思小说情节时，可能会花费较长时间思考故事框架、人物形象等，在不经意间灵感就会突然闪现。

第三，顿悟阶段。经过一段时间的酝酿，突然产生新的想法或解决方案，也就是常说的“灵感乍现”。这是创新思维的关键节点，往往伴随着强烈的兴奋感和成就感。例如，阿基米德在洗澡时突然想到利用排水法测量物体体积的方法，解决了鉴定王冠纯度的难题。

第四，验证阶段。对产生的新想法、新方案进行实践检验，评估其可行性和有效性。通过实际操作、实验验证、市场反馈等方式，对创新成果进行完善和优化。例如，新产品研发出来后，需要进行大量的测试和用户反馈收集，根据结果对产品进行改进。

（4）创新思维常见的思维方式

第一，发散思维。从一个问题或主题出发，向不同方向、不同角度进行思考，产生大量的想法和可能性。例如，在设计一款新型杯子时，通过发散思维可以想到从材质、形状、功能、外观等多个方面进行创新，如设计出可降解材料的杯子、具有特殊形状便于携带的杯子、带有加热或制冷功能的杯子等。

第二，逆向思维。与常规思维方向相反，从问题的相反方向进行思考探索。例如，传统的洗衣机脱水是通过离心力将水甩出去，而某公司逆向思考，发明了利用超声波振动使衣物中的水分雾化蒸发的新型洗衣机，实现了节水和对衣物的保护。

第三，联想思维。由一事物联想到另一事物，通过建立事物之间的联系来产生新的想法。例如，人们从蝙蝠利用超声波定位的原理联想到可以应用在军事、医疗等领域的超声波探测技术。

（5）创新思维在不同领域的应用

第一，科技领域。创新思维推动着科技的飞速发展。从互联网技术的普及到人工智能的崛起，每一项重大科技突破都离不开创新思维。例如，特斯拉公司在电动汽车领域的创新，不仅改变了汽车的动力系统，还在自动驾驶技术方面取得了显著进展，为未来交通出行带来了全新的可能性。

第二，商业领域。企业依靠创新思维开发新的产品和服务，开拓新的市场，提升竞争力。例如，共享经济模式的出现，通过创新思维将闲置资源重新整合利用，创造了共享单车、共享汽车、共享办公等多种商业模式，改变了人们的消费和生活方式。

第三，艺术领域。创新思维是艺术创作的灵魂。艺术家们不断探索新的表现手法、艺术形式和主题内容，为观众带来独特的艺术体验。例如，现代艺术中的抽象表现主义，打破了传统绘画对具象的追求，以独特的色彩、线条和形式表达情感和思想。

2. 创新思维在提升大学生沟通技能中的作用

（1）提供独特的沟通视角

创新思维使大学生在沟通中能够突破传统思维定式，提供新颖独特的视角。在数字时代，信息同质化现象严重，独特的观点更容易吸引他人关注，激发沟通兴趣。例如，在讨论互联网营销模式时，具有创新思维的学生可能会提出结合虚拟现实技术的全新营销思路，这种与众不同的观点能为沟通带来新的活力，引发更多的思考与讨论，使沟通更具价值。

（2）丰富沟通内容与形式

创新思维推动大学生在沟通内容和形式上进行创新。在内容方面，不局限于常规知识和观点，而是将不同领域的知识进行融合，创造出全新的沟通内容。例如，在文化交流活动中，将传统文化与现代科技元素相结合进行展示与讲解。在形式上，利用数字时代的新技术，如短视频、直播等形式进行沟通，打破传统沟通形式的局限，使沟通更加生动有趣，提高沟通的吸引力和参与度。

（3）提升沟通中的应变能力

数字时代变化迅速，沟通场景也复杂多变。创新思维有助于大学生在沟通中灵活应变。当遇到突发情况或新的沟通需求时，能够迅速调整思路，提出创新性解决方案。例如，在进行线上小组汇报时遇到技术故障，具备创新思维的学生能快速想到利用其他替代平台或方式继续汇报，确保沟通顺利进行。这种应变能力使大学生在各种沟通情境中都能保持良好的沟通状态，更好地实现沟通目标。

简而言之，批判性思维、逻辑思维与创新思维在数字时代对于提高大学生沟通技能具有不可忽视的作用。这三种思维相互关联、相互促进，共同助力大学生在复杂多变的数字环境中实现高效、准确且富有创意的沟通，为其个人发展和社会交往奠定坚实基础。

二、数字时代下大学生思维能力强化策略

（一）培养大学生批判性思维的有效策略

1. 引导质疑精神

数字时代的信息真假难辨，大学生需要具备质疑精神。高校教师在教学过程中应鼓励学生对所学内容、网络信息等提出疑问。例如，在课堂讨论环节，针对某一学术观点或热点事件，引导学生思考观点背后的依据是否充分、论证是否合理。以网络上流行的一些健康养生信息为例，教师可以引导学生分析其信息来源是否可靠，所列举的案例是否具有普遍性，从而培养学生不盲目接受信息的习惯。这种质疑精神能让大学生在沟通中不被片面或错误的观点左右，更准确地表达自己基于理性思考的看法。

2. 分析论证过程

批判性思维要求大学生学会分析信息的论证过程。教师可以通过案例教

学，选取一些包含复杂论证的文章或视频，让学生剖析其中的论点、论据和论证方法。例如，在分析一篇关于人工智能对就业影响的文章时，教导学生判断作者提出的论点是否明确，所引用的数据、实例等论据是否能有效支持论点，采用的归纳、演绎等论证方法是否合理。通过这样的训练，学生在沟通时能够敏锐地察觉到对方论证中的漏洞，同时也能更加严谨地组织自己的语言，使沟通内容更具逻辑性和说服力。

（二）提升大学生逻辑思维的有效策略

1. 强化逻辑知识学习

逻辑知识是提升逻辑思维的基础。高校可开设专门的逻辑课程，系统传授形式逻辑、辩证逻辑等知识，让学生掌握概念、判断、推理等逻辑方法。在日常教学中，教师也应渗透逻辑知识，如在撰写论文指导中，强调文章结构的逻辑性，段落之间的衔接要符合逻辑规则。通过学习逻辑知识，大学生在表达观点时能够遵循一定的逻辑顺序，先阐述论点，再提供论据进行论证，使沟通内容条理清晰。例如，在小组讨论中，学生能够按照合理的逻辑框架表达自己对问题的看法，让小组成员更容易理解和接受。

2. 进行逻辑推理训练

通过开展逻辑推理训练活动，能够有效提升大学生的逻辑思维能力。例如，组织逻辑推理竞赛，设置一些逻辑谜题、案例分析等题目，让学生在规定时间内完成推理。还可以鼓励学生参加辩论社团，在辩论过程中，学生需要根据对方观点迅速组织反驳论据，进行逻辑推理。这种训练能让大学生在沟通中快速分析对方观点的逻辑关系，做出准确回应，提高沟通的效率和质量。

（三）拓展大学生创新思维的有效策略

1. 营造创新氛围

高校要营造鼓励创新的校园氛围，为学生提供创新思维发展的土壤。例如，举办各类创新讲座、学术论坛，邀请行业内的创新人才分享经验，激发学生的创新灵感。设立创新基金，支持学生开展创新项目，让学生在实践中

锻炼创新思维。在课堂教学中，教师也应采用灵活多样的教学方法，鼓励学生提出独特的见解和想法。在这样的氛围中，大学生在沟通时更愿意分享自己的创新观点，为沟通增添新的活力。

2. 开展创意活动

开展丰富多样的创意活动是拓展创新思维的有效途径。例如，组织创意写作比赛，要求学生在给定的主题下，发挥想象力，创作出新颖的作品；举办头脑风暴活动，针对某一问题，让学生在短时间内提出尽可能多的解决方案。这些活动能够打破学生的思维定式，培养他们从不同角度思考问题的能力。在沟通中，创新思维使大学生能够提出独特的观点和解决方案，吸引他人的注意力，提升沟通的吸引力和影响力。

（四）加强情感共鸣与文化修养

1. 提升情绪感知能力

情绪感知是有效沟通的重要环节。大学生要学会识别他人的情绪状态，通过观察面部表情、语气语调、肢体动作等细微线索，理解他人感受。在沟通过程中，基于对对方情绪的准确把握建立信任感，避免因忽视情绪信号而产生误解和冲突。例如，在与同学交流时，能敏锐察觉到对方的沮丧或兴奋情绪，调整沟通方式，给予恰当回应，使沟通更加顺畅和谐。这种情感共鸣能力有助于营造良好沟通氛围，增强沟通效果。

2. 增强人文素养

广泛阅读文学作品、关注时事新闻能丰富大学生的文化内涵。文学作品蕴含着深刻的人生哲理与丰富的情感表达，通过阅读，大学生能提升语言表达的艺术魅力，学会运用生动形象的语言、细腻的情感描写使沟通更加引人入胜。关注时事新闻则使大学生了解社会动态，拓宽视野，在沟通中能结合现实话题展开深入讨论，使沟通更具深度与广度。丰富的文化内涵与人文素养能使大学生在沟通中展现出独特气质，让沟通不仅是信息传递，更是思想碰撞与文化交流。

（五）反思与总结

1. 定期反思

每次重要沟通后进行反思是提升沟通技能的关键步骤。大学生应花时间回顾沟通全过程，分析沟通效果。思考自己在表达观点、倾听反馈、处理情绪等方面的表现，总结成功经验与不足之处。例如，反思在演讲中是否因语速过快影响信息传递，在讨论中是否充分倾听他人意见等。通过定期反思，大学生能清晰了解自己在沟通中的优势与劣势，为针对性改进提供依据。

2. 持续学习

沟通技能的提升是一个持续的过程。大学生可通过阅读相关书籍、参加培训课程等方式，不断学习新的沟通技巧与方法。不同的沟通场景与对象需要灵活运用各种技巧，持续学习能使大学生适应多样化沟通需求。例如，学习跨文化沟通技巧以应对国际交流场景，掌握职场沟通策略以适应未来职业发展。通过持续学习与实践，大学生能不断优化沟通技能，在数字时代的各种沟通情境中应对自如。

简而言之，数字时代下大学生沟通技能培养中的思维能力强化是一个系统工程，涵盖上述多个方面。通过全面实施这些策略，大学生能够逐步提升思维能力，进而有效提升沟通技能，更好地适应数字时代的社交与职场需求，在信息洪流中实现准确、高效、富有成效的沟通。

第三节　社交能力拓展策略：全方位实践路径与能力提升

一、社交能力概述

（一）大学生社交能力的定义

大学生社交能力是指大学生在校园及社会环境中，与他人进行有效沟通、建立并维持良好人际关系、融入不同社交群体，以及解决人际冲突等方面所具备的综合能力。良好的社交能力对大学生的个人成长、学业发展和未来职业规划都具有重要意义。

（二）提升大学生社交能力的重要性

1. 促进个人成长

丰富的社交活动能让大学生接触到不同性格、背景和价值观的人，从他人身上获取新的观点和思维方式，有助于自我认知的提升和个人性格的完善。例如，性格内向的学生在与开朗外向的同学交往过程中，可能会受到感染，逐渐变得更加自信和开放。

2. 助力学业进步

在学习过程中，良好的社交能力有利于建立学习互助小组，同学们可以共同探讨课程难题、交流学习心得、分享学习资源。同时，与老师保持良好的沟通和互动，能更好地理解教学要求，获取更多学习指导和机会，如参与科研项目、学术竞赛。

3. 拓展职业发展

大学期间建立的人际关系网络可能成为未来职业发展的重要资源。通过社交活动结识的校友、行业前辈等，可能为大学生提供实习、就业信息或职业推荐，帮助他们更好地融入职场环境。

（三）大学生社交能力的构成要素

1. 沟通能力

沟通能力是社交能力的核心部分，包括语言表达和非语言沟通。语言表达要求能够清晰、准确、有条理地表达自己的想法和观点，同时具备良好的倾听能力，理解他人话语中的含义和情感。非语言沟通则涵盖了肢体语言、面部表情、眼神交流等，这些细节能够辅助语言表达，增强沟通效果。例如，在小组讨论中，能够用简洁明了的语言阐述自己的方案，并认真倾听他人意

见，通过微笑、点头等肢体动作给予对方回应。

2. 人际交往能力

懂得如何与不同类型的人建立和维护良好的关系。这包括主动发起交流、展示友善和亲和力、尊重他人的意见和感受、学会赞美和关心他人等。例如，在与新同学见面时，主动打招呼并展开话题，了解对方的兴趣爱好，在日常相处中关心同学的学习和生活情况。

3. 团队协作能力

在大学的学习和生活中，经常需要参与各种团队项目和活动。团队协作能力要求大学生能够明确自己在团队中的角色和职责，与团队成员相互配合、协同工作，共同为实现团队目标而努力。同时，要学会处理团队中的矛盾和分歧，通过有效的沟通和协商达成共识。例如，在社团组织活动时，不同成员负责不同的工作模块，需要相互协调、互相支持，确保活动顺利进行。

4. 适应能力

大学生会面临各种不同的社交场合和文化背景，具备良好的适应能力能够快速融入新环境，调整自己的行为和沟通方式。例如，参加国际交流活动时，能够尊重不同国家的文化习俗，理解并适应不同的社交规则和沟通风格。

5. 情绪管理能力

在社交过程中，难免会遇到各种情绪波动，如愤怒、沮丧、焦虑等。良好的情绪管理能力能够帮助大学生在面对这些情绪时，保持冷静和理智，以恰当的方式表达自己的情绪，避免因情绪失控而影响人际关系。例如，在与同学发生意见分歧时，能够控制自己的情绪，以平和的方式沟通解决问题。

二、数字时代下大学生社交能力拓展策略

在数字时代，大学生的社交环境发生了巨大变化，拓展社交能力对于他们的沟通技能培养至关重要。

（一）线上社交平台的有效利用

1. 专业社交平台深耕

鼓励大学生积极注册并认真经营领英等专业社交平台账号。完善个人资料，突出自己的专业技能、学术成果、实践经历等。通过关注行业领袖、加入专业群组，参与话题讨论，分享有价值的见解和观点，与同专业或相关领域的人士建立联系，拓宽专业人脉，学习行业前沿知识，锻炼在专业领域内的沟通表达能力。

2. 兴趣社交平台探索

根据自己的兴趣爱好，如摄影、音乐、运动，选择对应的线上兴趣社区，如豆瓣小组、抖音创作者社群。在这些平台上，大学生可以与志同道合的人交流心得、分享作品、发起合作项目。通过与不同背景但兴趣相投的人互动，丰富自己的话题储备，提升与不同类型人群沟通的能力。

（二）校园社团与组织活动参与

1. 多样化社团选择

学校通常拥有各种各样的社团，如辩论社、话剧社、志愿者协会等。大学生应根据自身兴趣和发展需求，选择多个不同类型的社团加入。在辩论社中，通过参与辩论比赛，锻炼逻辑思维和口头表达能力，学会在激烈的观点碰撞中清晰地阐述自己的立场；在话剧社，通过角色扮演和舞台表演，提升非语言沟通能力，如肢体语言、表情管理，同时增强在公众场合的表现力和自信心；参与志愿者协会组织的活动，则可以培养团队协作和跨群体沟通能力，学会与不同年龄、背景的人有效合作。

2. 社团领导角色担当

鼓励大学生在社团中争取担任领导职务，如社团部长、主席等。这不仅能够提升组织管理能力，还能提供更多与社团成员、学校老师、校外合作伙伴沟通协调的机会。在组织社团活动的过程中，需要与各方人员进行策划讨

论、资源协调、进度跟进等工作，从而全面锻炼沟通技能，包括倾听他人意见、清晰传达任务要求、解决冲突等。

（三）参加社交活动与竞赛

1. 校园社交聚会

积极参加学校或学院组织的各类社交聚会，如迎新晚会、校友交流会、学术晚宴等。在这些场合，学生可以学习正式社交场合的礼仪规范，锻炼与陌生人开启对话、建立联系的能力。提前准备一些通用话题，如近期的热门学术研究、校园活动等，以便在交流中能够自然地展开对话，并注意倾听对方的回应，及时调整话题方向，保持良好的互动氛围。

2. 跨校交流活动

主动参与跨校的交流活动、联合社团活动或学术竞赛。与其他学校的学生互动交流，可以接触到不同校园文化背景下的思维方式和沟通风格，拓宽视野。在跨校团队合作的项目或竞赛中，共同面对挑战、解决问题，能够培养团队协作沟通能力，学会在多元文化背景下协调各方利益，达成共同目标。

3. 行业竞赛参与

关注各类与专业相关的行业竞赛，如学科竞赛、商业模拟挑战赛等。这些竞赛往往吸引了来自不同地区、不同学校的优秀学生参与。通过与他们竞争与合作，大学生不仅可以提升自己的专业技能，还能结识行业内的专家和优秀同龄人。在竞赛过程中，需要与队友进行深入的方案讨论、分工协作，与评委和其他参赛队伍进行成果展示与交流，这对沟通技能的要求较高，能够促使大学生不断提升自己在专业领域的沟通水平。

（四）社会实践与实习

1. 企业实习体验

利用寒暑假或课余时间参加企业实习，这是融入真实职场社交环境的绝佳机会。在实习期间，大学生需要与上级领导、同事、客户等不同角色进行沟通协作。学会理解职场中的沟通规则和文化，如正式的邮件书写规范、会议汇报技巧、与上级沟通工作进展和反馈问题的方式等。通过实际工作中的沟通实践，提升自己在职场环境下的沟通能力和应变能力，为未来的职业发展打下坚实基础。

2. 社区服务与社会实践

参与社区服务项目，如社区义工活动、文化宣传活动等，与社区居民、社区工作人员等进行交流合作。这有助于大学生了解社会不同层面人群的生活状态和需求，学会用通俗易懂的语言与不同文化程度、不同年龄的人进行沟通，增强自己的社会责任感和沟通亲和力。此外，参与社会调研、市场调查等实践活动，需要与各种受访者进行沟通，收集信息，这也能锻炼大学生的提问技巧、倾听能力和信息整理能力。

三、剖析新时代大学生社交恐惧症根源与缓解途径

中共中央、国务院印发的《中长期青年发展规划（2016—2025 年）》强调要“引导青年自尊自信、理性平和、积极向上，培养良好心理素质和意志品质。促进青年身心和谐发展，指导青年正确处理个人与他人、个人与集体、个人与社会的关系”[①]。然而，近年来，社交恐惧症（简称“社恐”）一词汇频繁占据网络热搜榜，作为一股新兴的网络流行语，它在国内外各大社交媒体平台上广泛传播，迅速成为广大青年大学生热议和关注的焦点话题。相关讨论与内容不仅频繁出现在微博、小红书等社交平台，还激发了大学生群体间的深入交流与共鸣。

在数字时代背景下，社交恐惧心理对大学生沟通技能的提升构成了显著的阻碍。深入探究这一心理现象的产生机制及其特征，对于帮助大学生克服障碍、提升沟通技能具有极其重要的意义。

① 新华社. 中共中央 国务院印发《中长期青年发展规划（2016－2025 年）》[EB/OL].（2017-04-13）[2025-02-15]. https://www.gov.cn/zhengce/202203/content_3635263.htm#1.

（一）社交恐惧症的深层根源探析

在当代社会，“社交恐惧症”已从一个网络热词逐渐演变成备受关注的社会议题，深刻反映出青年群体在社交互动中复杂且矛盾的心态。这一现象背后，隐藏着个体心理、成长经历，以及社会生活等多维度的深层根源。

1. 个体心理层面的影响

从个体心理角度剖析，“社恐”现象的流行与传播，与人们在虚拟和现实空间中的行为模式密切相关。在当今数字化时代，虚拟网络与现实生活相互交织，人们的心理活动在这两个空间中相互影响。“社恐”标签的广泛传播，使得个体在潜意识中容易受到暗示，进而产生模仿行为。这种模仿并非简单的表面行为复制，而是涉及深层次的心理认同。

科技的迅猛发展极大地改变了人们的交往方式，网络社交平台为人们提供了便捷的沟通渠道，但也带来了一些负面效应。商业化运营模式使得媒介的功能逐渐发生偏移，从最初的沟通交流工具演变成以娱乐为主导的平台。这种转变导致人们在虚拟世界中投入了大量的时间和精力，而在现实社会交往中却愈发显得消极和被动。人们在虚拟网络中可以轻松地构建自己的社交形象，通过文字、图片等形式展示自己美好的一面，避免了现实交往中可能出现的尴尬和冲突。这种相对轻松的社交体验，使得人们对现实社交产生了逃避心理，加剧了人际关系的疏离。

线上与线下社交在思维模式和互动方式上存在显著差异。网络空间的交流具有即时性、匿名性和虚拟性等特点，人们可以更加自由地表达自己的观点和情感，无需过多考虑现实中的社交规则和约束。然而，这种虚拟社交模式与现实社交存在本质区别。当青年大学生长期适应了网络空间的交流方式后，再回归到现实社交场景时，往往会感到不适应，产生尴尬、焦虑和恐惧等负面情绪。这种情绪体验进一步强化了他们对现实社交的回避行为，从而推动了“社恐”现象在青年群体中的蔓延。

2. 成长经历带来的作用

成长经历对个体的社交观念和行为模式有着深远的影响。在个体的成长过程中，通过身份建构来融入不同的社交圈子，获取他人的认同，是一种基本的社会需求。然而，随着城镇化进程的加速，传统的群居生活模式逐渐被打破，人们的居住环境发生了巨大变化。线下社交空间被不断压缩，邻里之间的交流减少，社区凝聚力下降。

与此同时，数字化社会的快速发展使青年大学生成为网络的主力军，他们从小就接触网络，对网络世界的熟悉程度甚至超过了现实世界。网络的便捷性和丰富性吸引着他们将大量的社交活动转移到线上。在这个虚拟的空间里，他们可以轻松地结交朋友，分享自己的生活和想法，获得即时的反馈和认同。

然而，处于心理成长关键期的青年大学生，由于缺乏足够的交往经验，在面对现实社交中的挑战时，往往容易受到外界的否定和挫折。一次不愉快的社交经历，如被他人拒绝、嘲笑或忽视，都可能对他们的心理造成创伤，降低他们对人际交往的心理预期。这种负面的经历会在他们的潜意识中形成一种认知模式，即现实社交是充满风险和不愉快的，从而导致他们对现实社交产生恐惧和回避心理。

此外，现实生活中集体生活的缺失也是导致“社恐”现象出现的一个重要因素。集体生活能够为个体提供归属感和认同感，让人们感受到自己是群体的一部分。然而，现代社会的快节奏和个人化趋势，使得集体活动的机会逐渐减少。青年大学生在学校和家庭中，往往更多地处于独立学习和生活的状态，缺乏与他人深入交流和合作的机会。这种集体生活的匮乏，使得他们在面对现实社交时，更容易感到孤独和无助，进而转向虚拟网络空间寻求情感上的支持和共鸣。网络流行语的出现，如“社恐”“宅文化”“佛系青年”等，恰好为他们提供了一种自我表达和自我认同的方式，成为他们在虚拟世界中组建圈群、寻找同类的标签。

3. 社会生活维度的因素

从社会生活的维度来看，人作为社会性动物，无法脱离群体而独立存在。

在不同的交往情境中，个体需要扮演不同的社会角色，以适应社会的期望和要求。社会性格作为社会环境的产物，对个人性格的形成和发展具有重要的引导和塑造作用。

在主流社交环境中，通常强调积极、主动、外向的性格特质，鼓励人们成为人群中的焦点，积极参与社交活动，与他人建立广泛的联系。然而，“社恐”人士往往具有内向、害羞的性格特点，他们对社交场合中的压力和不确定性较为敏感，容易产生焦虑和害怕的情绪。这种内在性格与主流社交环境的不匹配，使得他们在社交过程中往往处于劣势，难以适应传统的社交模式，进而导致社交退缩和能力赤字。

当个体在现实社会中无法满足自己的社交需求时，往往会寻求其他途径来实现自我价值和情感满足。虚拟网络空间为他们提供了一个相对宽松、自由的平台。在网络世界里，人们可以更加自由地展示自己的个性和才华，不受现实身份和社会地位的限制。这种虚拟的社交体验，使得部分大学生在网络中找到了自信和满足感。

然而，虚拟自我与现实自我之间存在着明显的差异。在网络空间中，人们可以通过精心打造自己的形象和言论，塑造一个理想化的自我。但当回到现实生活中时，这种虚拟与现实的落差感会变得尤为强烈。这种对比效应会进一步加剧他们对现实社交的逃避心理，形成一种恶性循环，使得“社恐”现象愈发严重。

简而言之，“社交恐惧症”并非单一因素导致的简单心理现象，而是个体心理、成长经历和社会生活等多方面因素相互作用的结果。深入探究这些深层根源，有助于我们更加全面、准确地理解“社恐”现象，为制定有效的干预措施和帮助青年大学生走出“社恐”困境提供理论依据和实践指导。

（二）跨越数字鸿沟：大学生摆脱社恐、提升社交与人际沟通能力之路

在数字时代浪潮下，数字鸿沟的存在与社恐现象相互交织，给大学生的社交能力与人际沟通能力发展带来挑战。新时代大学生要想摆脱社恐，提升

相关能力，可从以下多方面着手。

1. 正确认知自我与社交

大学生需回溯自身经历，思考社恐产生的原因。是因过去社交中的挫折，如在公开场合发言被嘲笑，还是性格内向、受成长环境影响等。通过深度反思，能以更客观的视角看待自己的社恐问题，进而有针对性地应对。例如，若意识到是某次小组汇报时的失误导致对社交产生恐惧，便可尝试重新审视那次经历，明白失误是成长的一部分，不应过度自责。

同时，大学生要认识到社交是生活的重要组成部分，并非可有可无。良好的社交不仅能带来快乐，还对个人成长、学业进步和未来职业发展有益。摒弃社交无用或社交可怕的错误想法，以积极开放的心态看待社交活动。例如，了解到学长、学姐通过参加社团活动结识人脉，获得实习机会，从而明白社交的价值。

2. 培养综合素质增强自信

（1）提升专业素养

扎实的专业知识和技能是增强自信的重要基础。大学生努力学习专业课程，积极参加实践活动、科研项目等，提高自己在专业领域的能力。当在专业方面有出色表现时，会在社交场合更有自信，也更容易与他人建立共同话题。例如，在专业竞赛中取得优异成绩，在与同学、老师交流专业问题时会更加自信从容。

（2）发展兴趣爱好

培养多种兴趣爱好，丰富自己的生活。兴趣爱好不仅能缓解学习压力，还能在社交中成为与他人建立联系的桥梁。参加与兴趣爱好相关的活动，能结识到有共同爱好的人，更容易展开交流和互动。例如，喜欢音乐的同学参加校园乐队，通过一起排练、演出，结交志同道合的朋友，提升社交能力。

3. 构建和谐交往：维护良好的社交心理健康

对于“社恐”大学生而言，浅社交是其与陌生人之间的连接方式，虽然浅社交在一定程度上能够提供情感支持，减少大学生在社交中的顾虑，但从

浅社交发展到深层次社交并非一帆风顺，其中必然会面临诸多矛盾和困难。想要构建和谐交往，需要注意以下问题。

（1）健康社交心理：从浅到深社交转变的基石

健康的社交心理是促进浅社交向深层次社交转化的核心要素。对于大学生而言，具备健康的心理品质与良好的社交心态，是营造群体间良性交往氛围的前提。

健康的社交心理能够为大学生提供坚实的内在支撑，使他们在面对复杂的社交情境时，保持理性与积极的态度。这种心理状态有助于大学生更好地理解他人、表达自我，从而为建立深层次的社交关系奠定基础。只有当大学生群体普遍拥有健康的社交心理，整个群体间的交往氛围才能朝着积极、和谐的方向发展，浅社交才有可能顺利地向深层次交往转变，大学生也才能彻底摆脱社恐心理。

（2）学会调适技巧，清除社交恐惧

社交恐惧可能源于多种因素，如自卑心理、对陌生社交情境的不适应等。为了克服这一问题，大学生需要学会有效的调适技巧。

以特长和兴趣为切入口是一种行之有效的方法。当大学生在社交中能够展示自己擅长的领域或分享感兴趣的话题时，他们会更容易获得他人的认可与关注，从而提高自信心。自信心的增强能够降低内心的自卑与紧张情绪，使大学生在社交中更加从容自在。这种积极的心理状态有助于增强社交信任感，缓解社交恐惧。

同时，大学生还应充分认识到网络浅社交中社交对象呈现的虚拟化特征。在网络环境下，人们往往会塑造出一个与现实不完全相同的形象。因此，大学生要用祛魅化的眼光去看待社交对象，避免对虚拟形象产生过度的幻想或依赖。鼓励大学生在线上积极寻找适合自己的交往圈，这不仅可以满足他们在现实交往中未被满足的社交需求，还能为他们提供一个相对安全、舒适的社交空间，帮助他们逐渐清除社交恐惧。

（3）掌握沟通技巧，降低社交不安感

有效的沟通是建立深层次社交关系的桥梁。在人际交往中，大学生需要学会与他人进行有效沟通，这包括注意倾听对方的观点和立场。倾听不仅仅是听到对方的话语，更重要的是理解其背后的情感与意图。通过认真倾听，大学生能够展现出对对方的尊重，从而赢得对方的信任。

此外，大学生在社交中应避免轻易与别人发生争论。争论往往会导致双方情绪激化，破坏良好的社交氛围。相反，用真心换真心，通过讨论的方式解决双方存在的问题和矛盾，能够促进双方的相互理解与认同。在讨论过程中，双方可以分享各自的观点和经验，求同存异，最终达成共识。这种基于尊重与理解的沟通方式，能够降低社交中的不安感，为从浅社交向深层次社交的发展创造有利条件。

（4）增强情感投入，保持良好社交心态

人与人之间的情感联结是一个长期且复杂的过程，需要双方投入大量的时间和精力进行建立和维系，并且这种联结更需要在真实世界中的相互扶持来巩固。在社交过程中，保持良好、开放的社交心态至关重要。

良好的社交心态意味着双方要真心诚意地对待彼此，认真对待每一次交流与互动。只有当双方都展现出真诚与善意时，才能在情感上实现彼此互动、相互吸引。情感的建立并非一蹴而就，而是需要经历一个逐渐积累的过程。

大学生可以先从弱联系的社交开始，基于不同“淡社交”的感受，逐步增强情感投入。在这个过程中，他们可以更好地了解自己与他人的需求和兴趣，为进一步发展关系奠定基础。然后，适当选取合适的对象，运用积极和欣赏的态度对待社交对象。积极的态度能够传递出对对方的认可与接纳，欣赏则能够让对方感受到自身的价值与魅力。通过用心经营，将弱联系的社交关系发展成强联系的亲密社交关系，从而实现从浅社交到深层次社交的转变。

总之，保持健康的社交心理对于大学生实现从浅社交到深层次社交的和谐交往、摆脱社恐心理具有重要意义。学会调适技巧、掌握沟通技巧，以及

增强情感投入，这三个方面相互关联、相辅相成，共同为大学生营造健康、积极的社交环境，助力他们在人际交往中不断成长与进步。

4. 善用媒介，提升社交技巧：助力“社恐”大学生走出舒适区

对于“社恐”大学生而言，线上社交圈层无需直面现实中的物质束缚与社交压力，成为他们逃避社交不适的避风港。然而，这种虚拟社交虽然能带来一时的舒适，却难以建立深层次、真实的社交联结。线上交流往往缺乏面对面互动中的情感深度、非语言信息的传递，以及真实情境下的社交体验，长期沉浸其中会导致“社恐”青年大学生在现实社交中愈发退缩，进一步加剧社交能力的退化。因此，引导他们回归现实社交，成为帮助“社恐”青年大学生摆脱社交困境的必然选择。

（1）构建互助式社交平台：突破心理防线

构建互助式社交平台是帮助“社恐”青年大学生走出舒适区的重要基石。这一平台应充分发挥其综合性功能，心理咨询服务是其中不可或缺的核心部分。专业的心理咨询师能够运用科学的方法和丰富的经验，深入剖析“社恐”青年大学生的心理障碍根源，帮助他们缓解长期积压的心理症结。通过一对一的心理辅导，为每个个体提供个性化的解决方案，助力他们逐步克服内心的恐惧与不安。

除心理咨询外，平台还应举办形式多样、富有创意的特色活动，如“心灵旅行”与“心理树洞”。“心灵旅行”活动可以借助多媒体手段，带领参与者在虚拟环境中领略不同的风土人情，引导他们分享自己的感受与体验，在轻松愉悦的氛围中打开心扉。“心理树洞”则为参与者提供一个匿名倾诉的空间，让他们能够毫无顾忌地表达内心深处的想法和情感。这些活动以轻松有趣的方式打破“社恐”青年大学生的心理防线，逐步培养他们积极、健康、向上的社交心态，为进一步参与现实社交奠定心理基础。

（2）以兴趣爱好为纽带：搭建交流交往平台

兴趣爱好是人类社交的天然桥梁，对于“社恐”青年大学生而言，以兴趣爱好为纽带搭建交流交往平台，能够有效降低他们在社交中的陌生感与紧

张感。高校作为青年大学生学习与生活的重要场所，应充分发挥资源优势，开设夜校或提供其他多样化的学习交流机会。

夜校可以设置丰富多样的课程，涵盖艺术、文学、体育、科技等多个领域，满足不同学生的兴趣需求。在这些课程中，学生们基于共同的兴趣爱好相聚在一起，围绕自己热爱的事物展开交流与探讨。这种基于兴趣的交流能够激发学生的热情与主动性，使他们更容易投入到社交互动中。

此外，利用公共场所作为媒介，如学校的图书馆、体育馆、艺术展览厅等，组织各类与兴趣相关的活动，如读书分享会、体育比赛、艺术展览参观等。这些活动不仅为“社恐”青年大学生提供了线下交往的机会，还能促进兴趣共同体的形成。在兴趣共同体中，成员们有着共同的话题和目标，更容易建立起相互理解、信任的新型人际关系。这种基于兴趣的社交模式，能够让“社恐”青年大学生在轻松愉快的氛围中逐渐适应现实社交，提升社交能力。

（3）借助劳动教育与实习实训：融入集体与社会

学校提供的劳动教育、实习实训等活动，是引导“社恐”青年大学生从线上走向线下、从学校走向社会的重要契机。劳动教育不仅仅是体力的锻炼，更是培养团队合作精神、增强集体意识的有效途径。通过参与校园劳动项目，如校园绿化、图书馆整理等，“社恐”青年大学生能够与同学们共同协作，在完成任务的过程中学会沟通、分工与相互支持。这种集体劳动带来的成就感和集体荣誉感，能够极大地增强他们的自信心和归属感，促使他们更加积极地参与集体活动。

实习实训则为“社恐”青年大学生提供了接触社会、了解行业的机会。在实习过程中，他们需要与同事、上级进行沟通协作，面对各种实际问题并寻求解决方案。这种从课堂走向实操的转变，不仅能够提升他们的专业技能，还能让他们在实践中逐渐适应社会的节奏与规则，增强社会责任意识。在真实的工作环境中，“社恐”青年大学生不得不走出自己的舒适区，与不同背景的人进行交流，从而提高社会交往能力。

（4）多元策略的协同效应与长远意义

通过搭建互助式社交平台、以兴趣爱好为出发点的交流交往平台，以及充分利用学校提供的劳动教育和实习实训机会，形成了一套全方位、多层次的帮扶体系。这一体系中的各个部分相互关联、协同作用，从心理调适、兴趣引导到实践锻炼，为“社恐”青年大学生提供了逐步走出舒适区、提升社交技巧的有效路径。

这些策略的实施不仅能够帮助“社恐”青年大学生在当下克服社交困境，更对他们的未来发展具有深远意义。良好的社交能力是个人综合素质的重要组成部分，能够为他们在未来的职业发展、人际关系处理，以及个人成长中提供有力支持。通过走出舒适区，“社恐”青年大学生将更加自信地面对社会的挑战，积极融入多元的社会环境，实现个人价值与社会价值的统一。

第四节　多元沟通能力培养策略：跨文化视角与培养路径

一、多媒介沟通能力概述

（一）媒介素养的内涵

在21世纪这个信息化飞速发展的时代，媒介素养已成为每位公众都应掌握的基本素质。它是指个体在纷繁复杂的媒介环境中，高效获取、深刻理解、准确评估，以及创新创造信息的能力。这一素养不仅深刻影响着个人对信息的接收与处理方式，更是衡量一个人能否在数字化浪潮中安全、高效且批判性地与各类媒体进行互动的重要标尺。

随着新媒体技术的日新月异，人们所面对的信息世界日益多元化和复杂化。在此背景下，媒介素养的重要性愈发凸显。个体必须具备高超的信息筛选技巧、敏锐的批判分析能力、流畅的有效沟通技巧，以及独特的创造性表达能力。这些能力不仅能够帮助人们在信息洪流中保持清醒，避免受到虚假或有害信息的侵害，还能激发人们积极参与社会公共生活，推动个人全面发展。

因此，媒介素养不仅是个人在信息时代的自我保护伞，更是人们融入社会、贡献智慧的重要桥梁。

（二）多媒介沟通能力的内涵

多媒介沟通能力是指个体在多种不同媒介环境下，有效进行信息传递、接收、理解，以及互动交流的综合能力。在当今数字化和信息化高度发展的时代，媒介形式丰富多样，多媒介沟通能力涵盖多个重要方面。

1. 媒介选择与适配能力

不同的沟通情境和目的需要选择合适的媒介。具备多媒介沟通能力的人能够根据具体情况，如沟通对象、信息内容的性质（正式或非正式、紧急或常规等），准确判断并挑选最恰当的媒介进行沟通。例如，在汇报重要工作成果时，选择正式的电子邮件或面对面会议；而与朋友分享日常趣事，则可能使用即时通信软件或语音通话。

2. 信息呈现与表达能力

在不同媒介中，信息的呈现方式有所不同。这要求个体能够根据媒介特点，调整信息的表达方式，确保信息清晰、准确、有吸引力地传达给接收者。在书面媒介（如电子邮件、文档）中，能够运用规范的语言、合理的结构组织文字；在视频媒介中，要注重肢体语言、表情管理，以及声音的表现力；在社交媒体平台上发布内容时，要考虑图片、文字、视频等多种元素的搭配组合，以更好地吸引受众并传递核心信息。

3. 跨媒介转换能力

在沟通的过程中，有时需要在不同媒介之间进行切换。拥有多媒介沟通能力的人可以自然、流畅地完成这种转换，保证沟通的连贯性和有效性。例如，先通过即时通信工具进行初步沟通，之后可能需要通过电子邮件发送详

细资料；或者在面对面交流后，利用线上协作平台进一步跟进项目。能够在不同媒介间无缝衔接，不影响信息的传递和沟通的效果。

4. 技术操作与应用能力

各种媒介都依赖一定的技术工具来实现沟通。多媒介沟通能力包含对各类沟通技术工具的熟练操作和应用。这意味着要掌握电子邮件客户端、即时通信软件、视频会议平台、社交媒体平台等常见工具的基本功能和操作方法，能够快速解决使用过程中出现的技术问题，确保沟通顺利进行。例如，熟练运用视频会议软件的共享屏幕、录制会议等功能，提高沟通效率。

5. 信息理解与反馈能力

有效的沟通不仅是发送信息，还包括准确接收和理解对方的反馈。在多媒介环境下，要能够从不同媒介传递的信息中提取关键内容，理解对方的意图和情感。同时，根据接收到的信息，及时给予恰当的反馈，保持沟通的互动性。例如，在阅读电子邮件时能准确把握核心要点，在视频通话中能根据对方的表情和语气理解其态度，并做出合适的回应。

6. 文化与规范适应能力

不同媒介在不同文化背景和社交群体中可能存在特定的使用规范和文化内涵。具备多媒介沟通能力的人能够了解并尊重这些差异，避免因文化误解或违反媒介规范而导致沟通障碍。例如，在国际商务沟通中，不同国家对于电子邮件的格式、称呼、语言风格等可能有不同的习惯；在某些社交平台上，特定群体有独特的用语和交流方式。了解并遵循这些规范，有助于建立良好的沟通关系。

二、数字时代下大学生多媒介沟通能力培养策略

在数字时代，媒介形式的丰富性与复杂性深刻改变了大学生的沟通生态。多媒介沟通能力已成为大学生适应社会、实现有效交流的必备素养。培养大学生在不同媒介环境下的沟通技能，对于提升他们的综合素质与未来发展具有深远意义。

（一）提升传统媒介与数字媒介融合运用能力

传统媒介如书信、面对面交流等，蕴含着深厚的沟通底蕴，具备情感传递直接、互动性强等优势；数字媒介如社交媒体、即时通信工具等，则以其便捷性、高效性和广泛的传播范围，成为大学生日常沟通的重要手段。大学生需深刻理解这两类媒介的特点，实现融合运用。

在正式的商务沟通或重要的情感表达场景中，可将传统书信的严谨格式与数字媒介的即时送达优势相结合。例如，通过电子邮件发送一份格式规范、措辞诚恳的商务信函，既保留了传统书信的正式感，又借助数字媒介提高了沟通效率。在日常交流中，面对面沟通能捕捉到丰富的非语言信息，增强情感共鸣，之后可利用数字媒介如微信、短信等进行后续的信息补充或情感延续，巩固沟通效果。

（二）强化数字媒介沟通规范与礼仪

数字媒介的虚拟性和开放性容易导致沟通规范和礼仪的缺失。大学生应明确不同数字媒介平台的使用规则和沟通礼仪。在社交媒体上发布内容时，要注意语言文明、客观真实，避免传播不实信息或发表不当言论。例如，在微博、抖音等平台分享观点或信息时，要经过深思熟虑，确保内容积极健康，尊重他人的知识产权和隐私。

在即时通信工具的使用中，及时回复消息是基本的礼貌。对于重要的信息，应避免长时间不回复造成误解。同时，注意使用恰当的表情符号和语气词，以准确传达情感态度，避免因文字的局限性产生歧义。在电子邮件沟通中，遵循正式的邮件格式，包括清晰的主题、规范的称呼、正文结构和礼貌的结束语。

（三）提高数字媒介信息筛选与处理能力

数字时代信息海量且繁杂，大学生需要具备敏锐的信息筛选与处理能力，

以确保在沟通中获取有价值的信息。学会运用搜索引擎、信息聚合工具等，根据自身需求精准筛选信息。例如，在进行学术研究或项目调研时，能够通过专业数据库、学术搜索引擎等获取权威、可靠的资料。

对筛选出的信息进行批判性分析和处理，辨别信息的真伪、可信度和实用性。面对网络上纷繁复杂的观点和资讯，不盲目跟从，运用逻辑思维和批判性思维进行判断。可以通过对比不同来源的信息、分析信息发布者的背景和动机等方式，提高信息处理的准确性和有效性。在沟通过程中，能够准确、清晰地传达经过筛选和处理的信息，避免无效信息的干扰，提升沟通效率和质量。

（四）利用多媒介提升沟通情境适应能力

不同媒介适用于不同的沟通情境，大学生要学会根据具体情境选择合适的媒介，并调整沟通方式。在紧急、需要快速反馈的情况下，电话、即时通信工具是首选。例如，在团队合作中遇到突发问题时，及时通过电话会议或即时通信软件进行沟通，快速商讨解决方案。

对于需要详细阐述观点、进行深度交流的情境，电子邮件、文档协作工具等更为合适。例如，在学术讨论、项目策划等场景中，通过电子邮件发送详细的报告或方案，利用文档协作工具共同编辑、修改，便于各方充分表达意见，进行深入的思想碰撞。在正式的商务沟通或重要的社交场合，视频会议、面对面交流等媒介则能更好地展现个人形象和沟通诚意。通过模拟不同的沟通情境，让大学生进行实践训练，提高他们在各种媒介环境下的沟通情境适应能力。

（五）培养多媒介沟通中的情感表达与感知能力

尽管数字媒介在一定程度上削弱了情感表达的直接性，但通过恰当的方式仍能实现有效的情感传递。大学生要学会运用文字、表情符号、语音语调等多种元素在数字媒介中准确表达情感。例如，在文字交流中，合理运用语气词、标点符号等增强情感色彩；在语音通话或视频会议中，注意语音的抑扬顿挫、语速的快慢，以及面部表情的自然展现，使对方能够感受到真实的情感。

同时，提高在多媒介沟通中对他人情感的感知能力。关注对方的语言表达、回复速度、使用的表情符号等细节，理解其背后的情感含义。在视频沟通中，通过观察对方的肢体语言、面部表情等非语言信息，更全面地把握对方的情感状态，及时调整沟通方式和内容，实现更加顺畅、富有情感共鸣的沟通。

这些多媒介沟通能力培养策略并非孤立存在，而是相互关联、相互促进，共同构成一个有机的整体，全方位助力大学生在数字浪潮中掌握卓越的沟通技能。

通过以上策略，大学生能够在数字时代的复杂媒介环境中，灵活运用各种媒介进行有效沟通，提升沟通技能，更好地适应社会发展的需求。

第七章　数字时代下大学生沟通技能培养面临的挑战与应对

数字时代的到来，以前所未有的速度和深度改变了人们的生活方式、学习模式，以及沟通交流的途径。对于大学生这一特殊群体而言，他们成长于数字化环境中，数字技术已经深度融入其日常学习、生活和社交的各个环节。沟通技能作为大学生综合素质的重要组成部分，不仅关乎他们在校园生活中的人际关系处理、学业发展，更对其未来步入社会后的职业发展和个人成长起着关键作用。然而，数字时代的独特特征也给大学生沟通技能培养带来了一系列严峻挑战。深入研究这些挑战并探寻有效的应对策略，对于提高大学生沟通能力、促进其全面发展具有重要的现实意义。

第一节　信息过载挑战与应对策略

一、信息过载概述

（一）信息过载的定义

在数字时代下大学生沟通技能培养的情境中，“信息过载”指的是由于数字技术发展，大学生在沟通场景里遭遇信息的数量、传播速度等超出其处理能力，进而给沟通技能培养带来多方面影响的现象。

（二）信息过载的成因

当个体接收到的信息量远远超出了其有效处理的能力，造成信息堆积，使得这些信息变得难以被有效吸收和利用，就发生了个体的信息过载现象。该现象的产生主要源于以下三个关键因素。

1. 信息技术的迅猛进步

随着技术的不断发展，信息的产生和传播变得前所未有的迅速，这使得人们需要面对的信息量急剧增加。

2. 信息渠道的多元化

从传统媒体到新媒体，再到社交媒体，信息来源变得日益丰富和多样。这种多样性虽然为人们提供了更多的信息获取途径，但同时也增加了人们筛选和处理信息的难度。

3. 个人对信息的强烈需求和焦虑感

在信息时代，许多人对于获取新信息有着迫切的需求，这种需求往往驱使他们不断追求更多的信息，而忽视了信息的消化和吸收过程，这也是推动信息过载现象不断加剧的一个不可忽视的因素。

（三）信息过载的具体表现

1. 信息数量庞大

在数字时代，互联网成为信息的巨大存储库，各类信息以指数级速度增长。大学生每天通过手机、电脑等设备接触到海量的信息，涵盖新闻资讯、社交媒体动态、学习资料、娱乐内容等方方面面。例如，打开社交媒体平台，瞬间就能收到成百条的消息推送，包括朋友的动态更新、各种公众号文章推荐等，让人应接不暇。

2. 信息质量参差不齐

网络信息的发布门槛较低，导致大量信息未经严格筛选和审核就流入网

络空间。这使得大学生接收到的信息质量良莠不齐，既有有价值的专业知识、深度分析，也有大量的虚假信息、低俗内容和碎片化的娱乐新闻。例如，在一些网络论坛上，关于学术问题的讨论可能夹杂着许多错误观点和误导性信息，给大学生获取准确知识带来困难。

3. 信息更新速度快

数字信息的更新换代极为迅速，新的热点事件、流行趋势不断涌现。前一天还备受关注的话题，可能第二天就被新的事件所取代。大学生需要不断追赶信息潮流，否则就容易与他人在沟通中产生脱节。例如，网络流行语的更新速度极快，若大学生不及时了解，可能在与同学交流时无法理解对方的意思。

（四）大学生信息过载现象的新特征

信息过载并非新生问题，长期以来，学者们围绕其表现、成因、影响及应对策略展开了广泛而深入的研究。然而，随着移动互联网技术的飞速发展，社会信息传播环境发生了巨大变革。在这一背景下，大学生作为数字时代的活跃群体，其信息过载现象呈现出有别于以往的新特征。深入探究这些新特征，对于准确把握大学生信息接收与处理状况，以及采取有效措施缓解信息过载对大学生的负面影响具有重要意义。

1. 大学生信息过载现象的泛化

在过去，信息过载问题主要集中于特定职业人群。例如，信息输入人员的工作性质决定了需要在单位时间内处理大量的数据和信息，超出自身处理能力时便容易出现信息过载。会计人员同样如此，在财务核算、报表编制等工作中，面对海量的财务数据和相关资料，若不能有效筛选和处理，也会陷入信息过载的困境。

但如今，移动互联网的普及改变了这一局面。大学生作为数字时代的主力军，全面融入了移动互联网构建的信息环境。手机等移动设备成为他们获取信息的主要工具，凭借其便捷性，大学生可以随时随地接收来自各个领域的大量信息。无论是学习资料、社交动态、娱乐新闻，还是各种生活资讯，源源不断地涌入他们的视野。

这种广泛的信息获取渠道和海量的信息输入，使得大学生群体面临的信息过载问题逐渐泛化。与以往特定职业人群因工作性质导致信息过载不同，大学生在日常生活、学习、社交等多个场景中都面临着信息处理能力跟不上信息接收速度的状况。他们在享受移动互联网带来的信息便利的同时，也不可避免地产生了信息过载感。这种泛化特征表明信息过载问题在大学生群体中的普遍性增强，不再局限于特定职业或工作场景，而是成为大学生在数字时代面临的普遍挑战。

2. 大学生信息过载现象的被动化

移动互联网时代，手机 App 等应用程序借助大数据和机器学习算法实现了精准信息推送。这些算法通过分析大学生的浏览历史、搜索记录、使用时长等行为数据，精准捕捉其兴趣偏好和使用习惯，进而推送大量与之相关的信息。

大学生在使用各类 App 时，往往在无意识中就被这些精心推送的信息所包围。这些信息看似与他们的兴趣相关，但其中不乏大量冗余内容。例如，在社交媒体平台上，大学生可能因为曾经浏览过某类话题，之后就会不断收到该话题的各种衍生信息，包括一些低质量的评论、重复的观点等。

这种基于算法的信息推送模式，使得大学生接收信息的过程变得被动。他们不再像传统信息获取方式那样主动去筛选和查找所需信息，而是在 App 的“投喂”下，被动地接受大量信息。这种被动接收信息的方式，极大地增加了大学生处理信息的负担，进一步加剧了信息过载的现象。他们在不知不觉中陷入了信息的洪流，难以摆脱冗余信息的干扰，从而影响了对重要信息的关注和处理能力，对其信息接收和处理的自主性造成了冲击。

3. 大学生信息过载现象的常态化

在过去，信息过载通常发生在特定情境下，例如，在完成复杂项目、处理紧急任务时，人们才会面临短时间内大量信息的冲击，从而产生信息过

载。然而，在移动互联网时代，大学生几乎随时随地都可能遭遇信息过载的困扰。

大学生对信息的渴望与崇拜已成为一种普遍现象，这种心理在信息爆炸的时代背景下被进一步放大。他们热衷于占有大量信息，认为获取更多信息就能在知识储备、社交互动等方面占据优势。因此，无论在课堂上、课间休息，还是在吃饭、睡觉前，他们都频繁地使用移动设备浏览各种信息。

这种对信息的过度追求和随时随地获取信息的习惯，使得信息过载在大学生的日常生活中成为一种常态化现象。他们长期处于信息饱和的状态，不断接收新的信息，却缺乏足够的时间和精力去深入消化和处理。信息过载不再是偶尔出现的特殊情况，而是成为他们日常信息生活的一种常态。这种常态化特征不仅影响着大学生的学习效率、思维方式，还对他们的身心健康产生潜在威胁，如导致焦虑、注意力不集中等问题。

简而言之，在移动互联网时代，大学生信息过载现象呈现出泛化、被动化和常态化的新特征。这些新特征反映了数字时代信息传播环境的变化对大学生信息行为和心理的深刻影响。信息过载现象的泛化表明其在大学生群体中的广泛存在，被动化体现了大学生在信息接收过程中的自主性缺失，而常态化则凸显了这一问题对大学生日常生活和学习的长期持续性影响。

深入认识这些新特征，有助于教育者和相关部门更加全面地了解大学生在数字时代面临的信息困境，从而制定出更具针对性和有效性的措施，帮助大学生提升信息处理能力，缓解信息过载带来的负面影响，引导他们在丰富的信息资源中健康成长，更好地适应数字时代的发展需求。

二、信息过载给大学生沟通带来的影响

（一）分散注意力

数字时代信息海量且形式多样，如短视频、社交媒体动态、新闻资讯等，这些碎片化的信息内容不断争夺大学生的注意力，使他们难以专注于某一特

定信息进行深入思考和理解。在日常生活学习的过程中，大量娱乐新闻、游戏推送等内容会分散大学生的注意力，而网络上大量信息，会导致大学生无法形成线性思维，久而久之，就会造成难以专注于某件事，或导致大学生失去完整摄取信息并深入思考的耐心。长期处于这种环境，大学生在沟通时容易出现注意力不集中、思维跳跃的问题，难以专注于对方的表达，缺乏聆听的耐心和深入的思维习惯，错过交流过程中的重点信息，沟通的能力和效率自然大打折扣。

（二）沟通内容碎片化

信息过载使得大学生接触到的信息多为碎片化内容，缺乏系统性和深度。这导致他们在沟通中往往只能围绕一些零散的话题展开，难以进行深入、有内涵的交流。长期如此，会影响大学生思维的逻辑性和连贯性，不利于培养高层次的沟通技能。例如，在日常交流中，学生们更多地谈论一些网络热点的表面现象，而无法深入探讨背后的原因和影响。

此外，由于碎片化信息是零散的，人们容易陷入碎片的细节中，难以获得整体的全局观念。这使得人们难以将不同领域的知识联系起来，形成更加完整和综合的认知体系。缺乏全局观念会影响人们的判断力和决策能力。

（三）增加认知负担

大量信息的涌入会导致大脑被占用，这些信息因为琐碎而很难被处理，进而挤压在认知主体的脑海中，形成杂念，严重影响认知主体的精神健康，有些情况下，还会给认知主体造成思维混乱。由于大脑长时间得不到休息，情绪上的焦虑也会让认知主体长期处在难以集中注意力的精神状态下，在这种情况下，认知对主体而言就会成为负担。这种负担可能会导致认知主体对接受信息产生抵抗情绪，而接受信息是沟通的第一步，这种长时间被海量杂乱信息侵扰的个体通常会对沟通产生抗拒和反感。

（四）减弱思考能力

碎片化信息通常是简短的、快速的，不需要深入思考和推理。习惯于接收此类信息会减弱人的思考能力和批判性思维，使人们更加倾向于表面的信息和直觉判断。长期接受碎片化信息的人可能会变得懒于思考，难以对复杂问题进行深入分析。在这种情况下，信息涌入越多，认知主体的思考能力反而越弱。当下自媒体和短视频盛行，人们长时间沉溺于扁、平、快的娱乐内容里，对稍长一点的、复杂一点的内容逐渐失去耐心，正是因为扁、平、快的视频内容简单直白，认知主体处在频繁的刺激之下，不需要过多思考，久而久之，就会出现认知主体大脑“用进废退”的趋势，渐渐失去独立、深入思考的能力。

在与人沟通的过程中，一个没有独立思考能力的个体，通常难以在沟通中准确捕捉到沟通客体表达内容的核心，更难以深入挖掘一些话语背后的真实含义。更重要的是，一个缺乏独立思考能力的人，很难在沟通中形成自己的独特见解，只能一味遵从他人的观点甚或保持沉默，更无法对别人的不合理意见进行反驳，这势必导致缺乏思考能力的主体在一些思辨属性的沟通中处于劣势。最后，一个没有思考能力的人很难展现出自己的个人魅力，因为这样的人是肤浅和无聊的，一个没有主见的人难以吸引更多的人，人际关系往往流于表面化。

（五）易受偏见和误导

碎片化信息往往缺乏背景和上下文，容易被断章取义和误导。人们可能只接触到信息的一部分，而无法全面了解事实真相，从而产生偏见和错误的观点。这种误导性的信息会干扰人们的认知过程，导致认知主体基于片面信息得出错误观点或产生偏见。

偏见对于沟通的负面影响是显而易见的。偏见会增加沟通成本，沟通双方很可能需要花费更多的时间和精力来澄清误解。偏见还会增加问题解决的难度，因为问题发生时，偏见一方会主动阻碍问题的解决，甚至在沟通问题的过程中火上浇油，加剧矛盾。

（六）影响信息筛选与整合

面对海量且复杂的信息，大学生如果缺乏有效的信息筛选和整合能力，就容易陷入信息的“泥沼”。在沟通中，他们可能无法准确提取关键信息，组织语言时逻辑混乱，无法清晰、有条理地表达自己的观点。

三、大学生应对信息过载挑战的有效策略

在信息爆炸的时代，大学生作为信息的主要接收与使用者，深受信息过载的困扰。信息过载不仅影响大学生的学习效率、知识吸收，还对其身心健康和社交生活产生诸多负面影响。通过对个体因素和环境因素的剖析，可以针对性地提出切实可行的应对策略，助力大学生在海量信息中保持清晰的思维和高效的信息处理能力。

（一）个体层面的策略

1. 引导信息需求

大学生作为互联网时代主力军，个性鲜明、知识结构复杂多样，需深入了解其兴趣和特长，协助制定科学合理的学业和社交规划。

（1）学业规划

根据大学生的专业特点和个人兴趣，帮助他们明确不同学习阶段的目标和任务，确定所需信息资源类型和范围。例如，引导理工科专业学生关注专业领域前沿研究成果、学术会议信息及相关技术应用案例；推荐文科专业学生阅读经典文献、时事评论，参加各类学术讲座和文化活动。通过明确学业目标，让大学生更有针对性地获取信息，避免盲目收集无关信息。

（2）社交规划

鼓励大学生根据自身性格和兴趣爱好参与适合的社交活动，拓展人际关

系网络。引导他们在社交中注重信息交流质量，避免无意义信息闲聊，如参加专业相关学术社团或兴趣小组，与志同道合者深入交流知识、碰撞思想，获取有价值的信息和启发。

（3）理性看待信息

引导大学生避免盲目追求新奇和刺激的信息，树立正确信息价值观，认识到信息价值在于对自身成长和发展的实际帮助。

（4）监测与干预信息行为

通过开发专门信息行为监测工具或利用现有网络平台功能，分析大学生的信息浏览、搜索、分享等行为。当发现过度沉迷某类信息、信息获取行为分散等问题时，及时提醒引导，如设置信息使用时间限制、推荐更有价值信息资源，帮助他们建立良好信息消费习惯，提高信息利用效率。

2. 提升信息素质

对于大学生自身而言，想要摆脱信息过载的负面影响，提升沟通技能，就要积极提升信息素质。具体而言，大学生可以从增强信息处理能力、精选信息来源、建立健康的信息接收模式等方式来提升信息素质。

（1）增强信息处理能力

第一，系统学习信息处理技巧。通过课程学习或在线资源，掌握信息检索、筛选、分类、整理及分析的基本方法。学习如何有效利用图书馆、学术数据库和互联网资源，以及如何使用数据处理软件，如 Excel、SPSS，进行数据分析。

第二，实践信息搜索与评估。积极参与学术研究项目、社会实践或社团活动，通过实际操作锻炼信息搜集、筛选和评估的能力。在实践中学习如何快速定位关键信息，如何辨别信息的真伪和价值。

第三，利用技术工具辅助。

教育大学生合理使用信息工具，如设置信息推送的提醒时间和频率，避免在学习和重要沟通时段受到过多干扰。同时，教会学生利用信息管理工具，如笔记软件、知识管理平台等，对获取的信息进行分类整理和存储，方便日后查找和使用。

第四，培养时间管理和优先级设定。在信息爆炸的时代，学会有效管理时间，为信息处理分配合理的时间段。根据学习或研究的需求，设定信息处理的优先级，确保先处理最重要或最紧急的信息。

（2）精选信息来源

第一，确认信息源的权威性。优先选择政府官方网站、知名新闻媒体、学术研究机构或专业协会等发布的信息。这些机构通常有严格的审核机制和公信力，提供的信息更为可靠。

第二，核查信息源的声誉。通过查看信息源的过往记录、读者评价、同行评价等，评估其信誉和可靠性。避免从信誉不佳或频繁发布虚假信息的网站获取信息。

第三，注意信息源的更新频率。选择那些定期更新内容的信息源，以确保获取的信息是最新的。过时的信息可能已失去时效性，无法反映当前的情况。

第四，检查信息源的多样性。为了获得更全面的视角，尝试从多个不同的信息源获取信息，包括但不限于新闻报道、学术论文、博客文章、社交媒体等。这有助于更全面地了解问题，避免信息偏见。

第五，利用专业工具辅助筛选。使用搜索引擎的高级搜索功能，设置关键词、时间范围、网站类型等条件，以更精确地定位所需信息。同时，可以考虑使用信息聚合工具或 RSS 订阅服务，自动收集来自多个信息源的内容。

第六，谨慎对待社交媒体信息。虽然社交媒体是获取即时信息的好渠道，但信息质量参差不齐。在转发或引用社交媒体上的信息时，务必进行进一步的核实，确保其准确性和可靠性。

（3）建立健康的信息接收模式

大学生的时间和精力十分有限，旁学杂收式的信息接受方式并不可取。在开始搜索信息之前，大学生要明确自己需要了解的信息内容范围、深度和目的。这有助于自己更有针对性地筛选信息，避免被无关信息分散注意力。另外，大学生应该为自己规划时间，合理分配时间用于信息搜索、阅读和学

习。避免在考试或学科项目截止日期前临时抱佛脚，导致信息过载和焦虑。最后，对于即将步入社会的大学生而言，定期回顾和更新自己的信息库，确保掌握最新的行业动态、学术研究成果和技术进展，将有助于竞争力的保持，帮助自己适应未来不断变化的环境。

其实，大学生信息过载通常是因为对网络社交媒体和娱乐过度沉迷所导致，大学生应该培养自己健康的信息消费习惯，不要在碎片化的娱乐信息内容中过度停留，相反，关注有深度的内容，如长文、播客、在线课程，更能起到促进个人成长和学术发展的效果。

（二）环境层面的策略

1. 优化移动互联网上网环境

尽管我国移动互联网发展取得了显著成就，但在上网环境方面仍存在一些差异和问题，影响大学生的信息获取体验和效率。高校作为大学生学习和生活的主要场所，有责任和义务致力于改善网络环境。改善网络覆盖范围是基础。确保校园内各个区域，包括教学楼、图书馆、宿舍等都能实现稳定的网络覆盖，让大学生无论身处何地都能方便地获取信息。这需要高校加大对网络基础设施建设的投入，合理布局网络设备，采用先进的网络技术，提高网络信号的强度和稳定性。提高带宽和稳定性是关键。随着大学生对网络资源需求的不断增加，如在线学习、观看高清视频、参与实时互动，对网络带宽和稳定性提出了更高要求。高校应根据实际需求，适时升级网络带宽，优化网络架构，加强网络管理和维护，确保网络运行的稳定性和可靠性。例如，在教学高峰期，合理分配网络资源，避免出现网络拥堵现象，保证教学活动的顺利进行。优化系统和服务也是不可或缺的环节。高校应不断完善校园网络系统，提高系统的易用性和便捷性。例如，简化网络登录流程，提供个性化的网络服务界面，方便大学生快速访问所需信息。同时，建立高效的网络服务支持体系，及时处理用户反馈的问题，如网络故障报修、账号密码找回，提高用户满意度。通过建立有效的沟通机制，如在线客服、用户论坛等，及时了解大学生的网络使用需求和意见建议，不断优化网络服务质量。

2. 规范信息服务商行为

在资本的驱动下，部分信息服务商为追求利润，忽视用户权益，采取了一些不当行为，如侵犯用户隐私、推送低俗内容等，这不仅加剧了大学生的信息过载问题，还对他们的身心健康造成了不良影响。因此，规范信息服务商行为迫在眉睫。国家应发挥宏观调控和监管作用，出台相关政策法规，加强对信息服务商的监管力度。通过明确法律法规标准，对侵犯用户隐私、推送低俗信息等行为制定严厉的处罚措施，使信息服务商不敢触碰法律红线。例如，对违规收集用户信息、滥用用户数据的信息服务商，依法予以罚款、责令整改甚至吊销营业执照等处罚，形成有效的法律威慑。要求信息服务商对其提供的信息进行严格的审核和监督是保证平台信息质量的重要举措。信息服务商应建立健全信息审核机制，利用人工审核和技术手段相结合的方式，对发布的信息进行全面审查。对于涉及虚假信息、低俗内容、暴力恐怖等不良信息，坚决予以过滤和屏蔽，确保平台传播的信息积极健康、真实可靠。同时，加强对信息发布者的管理，要求其遵守信息发布规则，对违规发布者进行相应处罚。建立安全、便捷的信息反馈渠道，方便用户监督信息服务商的行为，维护自身权益。信息服务商应设置专门的用户反馈入口，如举报邮箱、投诉热线等，并确保反馈渠道的畅通。及时处理用户的投诉和建议，对用户反馈的问题进行认真调查和整改，并将处理结果及时反馈给用户。此外，鼓励用户积极参与信息监督，形成用户与信息服务商之间的良性互动，共同营造健康的信息传播环境。

简而言之，大学生应对信息过载是一个复杂的系统工程，需要从个体层面和环境层面同时发力。通过综合实施上述策略，可以有效帮助大学生更好地应对信息过载的挑战，使他们在信息社会中既能充分享受信息带来的便利和乐趣，又能避免被海量信息淹没，实现自身的全面发展和成长。在未来，

随着信息技术的不断发展和社会环境的变化，还需要持续关注大学生信息过载问题，不断调整和完善应对策略，以适应新的挑战和需求。

第二节　网络舆论压力与应对策略

一、网络舆论概述

（一）网络舆论的含义

网络舆论是指在互联网平台上广泛传播的对特定事件或观点所持有的、具备显著影响力与煽动性的意见集合。相较于传统的纸质媒体，网络以其新颖性与独特性，构筑了一个迥异的信息传播空间。网络舆论，作为这一新兴媒介上的特殊舆论形式，不仅继承了传统舆论的某些特性，更在此基础上展现出了丰富性、复杂性、多元性、冲突性和难控性等鲜明的时代特征。

（二）大学生网络舆论的含义

大学生网络舆论，特指高校学子在虚拟网络空间内，针对各类议题所发表的个性化见解与态度倾向。这一群体倾向于认同并接纳同龄人的观点与情感表达，即便这些言论可能带有情绪化或偏激色彩。大学生们往往自认为通过长期系统的学习，已形成了较强的自主意识、自尊心及自我认同感，对于外界强加的思想灌输持抵触态度。他们的行动往往以寻求认同感与独立思考为前提，渴望在尊重与被尊重的互动中实现个人成长与提升。

（三）网络舆论危机的演变机制与动因探析

在互联网技术飞速发展的时代，网络舆论的影响力日益凸显。网络舆论危机作为一种特殊的舆论现象，对社会和组织的稳定与发展带来了诸多挑战。

1. 网络舆论危机的演变机制

（1）个体意见的萌芽

网络舆论危机的演变起始于个体对现实问题的看法[①]。在日常生活中，个体基于自身的经历、价值观和认知水平，对各类事件形成个人意见。这些意见最初以自发的形式呈现，在网络空间中表现为分散、无序且不规则的状态。它们如同漂浮在网络海洋中的碎片，各自独立存在，尚未形成有影响力的舆论力量[②]。

然而，公共事务的出现成为了改变这一局面的关键因素。公共事务往往具有广泛的社会影响和关注度，其引发的信息刺激能够吸引个体的注意力。当这些信息与公众的价值观念、历史记忆、物质利益和心理因素等发生碰撞时，个体的反应被激发，开始围绕公共事务发表自己的看法，从而形成网络舆论危机的萌芽[③]。例如，涉及环境污染、食品安全等与公众切身利益相关的事件，容易引发个体的强烈反应，促使他们在网络上表达自己的关切和不满。

（2）群体舆论的形成

随着公共事务在网络上的传播，个体意见开始汇聚并呈现出倾向性的分野，逐渐形成群体舆论。在这个阶段，网络舆论开始酝酿并蕴藏着一种社会力量，这种力量具有聚则加压、散则减压的特点。

当网络议题引起网络社会的广泛关注时，公众通过各种网络传播途径参与到群组讨论中。在讨论过程中，个人意见相互交融，不同观点相互碰撞。由于人们往往倾向于与自己观点相似的人交流，使得某种意见的赞同人数在短时间内骤增。这种现象标志着舆论由个人意见向社会意见转化的起点，群体舆论初步形成。群体舆论的形成使得原本分散的个体意见得以整合，形成了一股相对统一的舆论力量，对事件的发展产生更大的影响。

---

① 刘建明. 基础舆论学［M］. 北京：中国人民大学出版社，1988.

② 陈力丹，舆论学［M］. 北京：中国广播电视出版社，1999.

③ 刘建明. 舆论传播［M］. 北京：清华大学出版社，2001.

（3）团体舆论的发展与危机顶点的形成

随着讨论的进一步深入，网络舆论在短时间内呈现出对某一事件众多意见的集纳状态，形成了一个“舆论场”。在这个“舆论场”中，各种意见和观点彼此交锋、沟通、融合。无数个人意见经过多方交流、协调、扬弃，以极快的速度形成舆论，并加速蔓延。

在这一过程中，利益共同体和兴趣共同体发挥了重要作用。他们通过转载、评论、链接等行为，将相似的观点进一步传播和扩散，使得团体舆论逐渐形成。团体舆论在网络内的斗争中趋于明朗，可能形成相对统一的口径。当团体舆论形成并占据主导地位时，网络舆论的危机影响达到顶点。此时，支配性舆论形成并扩散，对社会和组织的利益与目标构成严重威胁。例如，在一些重大网络舆情事件中，团体舆论的统一口径可能导致公众对相关组织或个人产生片面、偏激甚至错误的看法，进而引发一系列社会问题。

2. 网络舆论危机演变的动因

（1）网络议程设置的前提作用

网络议程设置是网络舆论危机生成的重要前提。在网络环境中，信息海量且繁杂，公众无法对所有信息进行关注和处理。因此，哪些话题能够进入公众的视野，成为网络舆论的焦点，很大程度上取决于网络议程设置。

网络媒体、意见领袖等通过对信息的筛选、报道和传播，引导公众关注某些特定的话题。这些被设置的议程往往具有较强的吸引力和话题性，能够引发公众的兴趣和讨论。一旦某个话题被成功设置为网络议程，它就有可能成为网络舆论危机的导火索，引发公众的广泛关注和参与，进而推动舆论的演变和发展。例如，一些网络媒体对特定事件的深度报道和炒作，可能会吸引大量公众的关注，将原本普通的事件转化为网络舆论热点，为网络舆论危机的产生埋下伏笔。

（2）“沉默的螺旋”效应的加剧作用

“沉默的螺旋”效应在网络舆论危机的演变过程中起到了加剧的作用。该理论认为，在舆论传播过程中，个体为了避免被孤立，往往会选择与大多数人保持一致的意见。在网络环境中，这种效应依然存在。

当网络上出现某种强势观点时，持有该观点的人会更加积极地表达自己的意见，而那些持有不同观点的人则可能因为担心被孤立或遭受攻击而选择沉默。随着越来越多的人保持沉默，强势观点的声音愈发突出，弱势观点则逐渐消失。这种现象使得网络舆论的倾向性更加明显，加剧了网络舆论危机的生成。例如，在一些网络讨论中，一旦某种主流观点形成，那些与之相悖的声音就会被淹没，导致舆论一边倒的局面，进一步推动网络舆论危机的发展。

（3）“群体极化”现象的偏向作用

“群体极化”现象使网络舆论危机具有了一定的偏向性。在网络群体讨论中，由于成员之间的同质性较高，彼此的观点容易相互强化。当群体成员围绕某一话题进行讨论时，他们的观点会朝着更加极端的方向发展，形成占上风观点的舆论场。

网络为志同道合的人提供了便捷的沟通平台，他们可以在网上轻易而且频繁地交流，听不到不同的看法。在这种环境下，持续暴露于极端的立场中，会让人逐渐相信这个立场，从而导致群体极化现象的出现。群体极化使得网络舆论危机的发展偏离理性轨道，加剧了舆论的情绪化和极端化程度，增加了危机应对的难度。例如，在一些网络热点事件中，群体极化可能导致公众对事件的看法走向极端，引发不必要的社会矛盾和冲突。

二、网络舆论压力情境下大学生面临挑战的具体呈现

（一）舆论传播的瞬息万变

在数字化浪潮席卷全球的当下，网络舆论的传播速度之迅猛，堪称瞬息万变。一条信息从诞生到广泛传播，其间的时间跨度被极度压缩，几乎达到了即时的效果。当涉及大学生的事件被置于网络聚光灯下，其影响力如同星火燎原，迅速形成舆论的漩涡，对涉事个体施加难以承受的心理重压。例如，某高等学府内发生的青年学子失当举止，一旦经由网络曝光，相关影像便如

同插上了翅膀，在各大社交媒体平台上疾速流传，迅速汇聚成汹涌的舆论洪流，对当事人施以铺天盖地的舆论审判。

（二）舆论观点的纷繁复杂与极端倾向

网络的开放性如同一面双刃剑，既为多元观点的碰撞提供了广阔的舞台，也催生了极端言论的滋生土壤。在针对某一具体事件的探讨中，网络空间成为了各种立场、背景人士发声的竞技场，观点的多样性不言而喻。然而，这种多样性往往伴随着极端化、片面化乃至攻击性言论的涌现，为大学生营造了一个错综复杂、充满挑战的舆论环境。在这样的氛围下，大学生往往感到迷茫与困惑，难以在纷繁的舆论声浪中保持清醒的判断。以社会热点事件的网络讨论为例，部分网民的情绪化表达与极端立场，如同锋利的刀刃，对事件中的个体进行无差别的舆论攻击，这无疑给参与讨论的大学生带来了沉重的心理负担。

（三）舆论监督的全面渗透

移动互联网的蓬勃发展，使得信息的传播与监督变得无处不在、无时不有。大学生作为社会的一员，其言行举止随时可能成为公众关注的焦点，被记录、被传播、被评判。这种全方位、无死角的舆论监督，使得大学生在言行表达上不得不更加审慎，生怕自己的一时失言或失态成为他人攻击的靶子，进而引发不必要的舆论风波。例如，大学生在社交媒体上的日常分享，原本只是私人生活的点滴记录，却可能在不经意间被他人过度解读，甚至扭曲原意，从而引发一系列不必要的争议与纷扰。这种无处不在的舆论压力，无疑给大学生的心理健康带来了潜在的威胁。

三、网络舆论压力对大学生沟通技能培养的影响

（一）自信心受挫

网络舆论的洪流下，大学生往往面临着来自四面八方的负面评价与指责，

这些声音可能侵蚀他们沟通的自信心。在现实的沟通场景中，大学生因为心智不够成熟，内心比较脆弱，面对这种批评，很容易陷入自我怀疑与焦虑的漩涡，进而在表达自我真实想法时显得犹豫不决，甚至选择沉默以对，以避免成为舆论的靶心。例如，在课堂的热烈讨论或小组合作的思维碰撞中，部分学生因担忧自己的观点被同学在网络上无限放大并招致嘲笑，而宁愿选择缄默，将思想的火花深埋心底。

（二）沟通方式趋于保守

如今，网络舆论的负面关注现象越来越明显，这是因为长期存在的社会问题或矛盾可能导致公众情绪的累积，此外，公众在面对负面信息时，往往更容易产生情绪化的评论和反应，这种情绪化的表达进一步加剧了负面舆论的形成。在一些为了流量和热度的媒体的放大报道中，这些负面的具有煽动性的舆论信息便铺天盖地地占领了网络空间。

负面舆论往往具有攻击性强、观点两极化等特点，这些舆论的进一步发展，就会形成网络暴力，以恶意攻击的方式侵损他人的名誉和权益。大学生在沟通的过程中，可能会为了规避可能的舆论风波而裹足不前，在表达观点时往往趋向于保守，刻意避免触及独特或具有争议性的议题。这种保守化的沟通方式，不仅抑制了大学生创新思维与批判性思维的萌芽，更在一定程度上限制了他们沟通能力的进一步提升。在学术探讨的殿堂里，一些学生为了迎合主流观点，宁愿放弃自己的独到见解，导致讨论缺乏深度与广度，创新之光黯然失色。

（三）与现实沟通脱节

网络沟通以其匿名性、即时性和跨地域性为特点，为人们提供了前所未有的交流空间。然而，这种虚拟的沟通方式却在某种程度上与现实沟通形成了鲜明的对比。在网络空间中，人们可以自由地表达观点、分享情感，而无需顾虑现实生活中的身份、地位等因素。然而，这种自由也带来了沟通的真

实性问题。在网络沟通的匿名面纱下，虚假信息、夸大其词的不负责言论屡见不鲜，使得沟通的真实性和可信度大打折扣，此外，恶意评论和指责等网络暴力现象普遍存在且难以禁止。相比之下，现实沟通则更加注重面对面的交流和互动，以及言语和行为的一致性。然而，由于网络沟通的影响，部分人在现实沟通中可能会表现出不适应或脱节的现象。他们可能习惯于网络沟通中的自由与随意，而在现实沟通中显得拘谨、不自然，甚至难以融入现实社会的沟通环境。

因此，网络沟通与现实沟通之间的脱节现象，不仅反映了数字化时代沟通方式的变革，也揭示了人们在沟通中的身份认同、真实性问题，以及现实适应性等方面的挑战。

四、大学生应对网络舆论压力挑战的策略

（一）个体层面的策略

1. 增强情绪管理能力

在面对网络舆论压力时，强烈的情绪可能会阻碍有效的沟通。大学生首先要学会察觉自己在面对负面舆论时的情绪反应，如愤怒、焦虑或沮丧。可以通过写情绪日记的方式，记录每次在网络舆论场景下的情绪变化，分析触发情绪的原因。

当察觉到负面情绪产生时，运用深呼吸、冥想等放松技巧，让自己平静下来。例如，每天花 15 分钟进行冥想练习，专注于呼吸，排除杂念。只有在情绪稳定的状态下，才能理性地思考和沟通，避免因冲动而发表不当言论，使舆论压力进一步加剧。

2. 掌握网络沟通技巧

（1）遵循网络礼仪

网络虽然是虚拟空间，但也有其礼仪规范。大学生在参与网络讨论时，要使用文明、礼貌的语言，尊重不同的观点和意见。避免使用侮辱性词汇、

攻击性语言。例如，在发表对某个热点事件的看法时，以“我认为……，这只是我的个人观点，希望能和大家友好交流”这样的表述开头，营造和谐的沟通氛围。

（2）清晰准确表达观点

在网络上表达观点时，要确保逻辑清晰、简洁明了。提前组织好语言，明确自己想要表达的核心内容。可以采用总分总的结构，先提出观点，再分点阐述理由，最后总结升华。例如，在讨论学术相关话题时，“我认为该研究成果具有创新性，主要体现在研究方法的突破、对传统理论的拓展这两个方面。综上所述，它为该领域的发展提供了新的思路”。

3. 寻求专业指导与支持

（1）心理咨询服务

学校的心理咨询中心为大学生提供了专业的心理支持。当因网络舆论压力而产生困惑、焦虑等情绪，影响到沟通状态时，主动寻求心理咨询师的帮助。心理咨询师可以通过专业的方法，帮助大学生分析内心的情绪和压力来源，提供应对策略。例如，通过认知行为疗法，帮助大学生调整对网络舆论的认知模式，改善沟通时的心理状态。

（2）专业教师辅导

向学校中擅长沟通领域的专业教师请教。这些教师具有丰富的理论知识和实践经验，能够针对大学生在网络沟通中遇到的问题给予具体的指导。比如，在撰写网络评论或参与网络讨论时，将自己的想法和表达内容与专业教师交流，听取他们关于观点阐述、语言运用等方面的建议，不断优化自己的沟通技能。

（二）高校层面的策略

1. 加强网络安全教育

面对网络舆论的复杂性与潜在风险并存，高校应针对这种情况，将网络安全教育纳入课程体系，作为大学生素质教育的重要组成部分。通过开设《网

络安全与道德》等必修或选修课程，系统地向学生传授网络法律法规、网络道德规范、个人信息保护等核心知识。课程内容应注重理论与实践相结合，不仅解析网络舆论的特点、传播机制及其对学生心理与行为的影响，还应通过实际案例分析，让学生直观感受到网络舆论的危害性，从而增强自我保护意识。此外，邀请网络安全领域的专家学者进校园举办专题讲座，通过深度解读网络舆论事件，教授学生识别网络谣言、防范网络欺凌的方法，以及如何在遭遇网络舆论风波时寻求法律与心理援助，为学生的网络安全筑起坚实的思想防线。

2. 培养舆论应对能力

为了有效应对网络舆论压力，高校需重视并加强大学生的舆论应对能力培养。这包括但不限于舆情监测、舆论分析、沟通回应技巧等多个方面。首先，通过设立舆情监测中心或工作室，定期发布校园内外的舆论动态报告，帮助学生了解舆论走向，培养对信息的敏感度与判断力。其次，开展舆论分析工作坊，教授学生如何运用数据分析工具，对舆论数据进行深入挖掘，识别舆论热点背后的社会心理与价值观念，为理性应对奠定基础。最后，组织模拟舆情应对演练，模拟不同类型的网络舆论危机场景，如个人隐私泄露、校园争议事件，让学生在角色扮演中体验涉事者的心理状态，学习如何在保持冷静的同时，采取恰当的沟通策略与回应方式，有效管理舆论风险。通过这一系列培训，旨在提升学生的实战技能，使其在面对网络舆论压力时，能够迅速做出合理反应，减少负面影响。

3. 营造良好的校园沟通氛围

高校作为知识传播与思想碰撞的殿堂，应致力于营造一个开放、包容、理性的校园沟通氛围。这不仅关乎学生的个人成长，也是构建和谐校园文化的关键。为此，高校应鼓励并支持学生积极参与现实生活中的学术讨论、社团活动，提供多样化的沟通平台，如学术论坛、读书会、创意工作坊等，让学生在面对面的交流中锻炼表达能力，增进相互理解，培养批判性思维。同时，通过举办校园辩论赛、主题演讲比赛等活动，激发学生的沟通热情，提升他们的语言组织与逻辑思维能力。更重要的是，高校需引导学生正确看待网络舆论与现实沟通的关系，既认识到网络舆论的积极作用，如信息获取、意见表达的便捷性，也要警惕其潜在的负面影响，如信息过载、情绪极化等。通过组织线上线下融合的沟通实践活动，如网络直播辩论、在线论坛与线下研讨会联动等，促进学生将网络沟通技巧与现实沟通能力相结合，实现两者的有机融合，共同构建一个健康、理性的校园沟通生态系统。

第三节　技术发展迭代与应对策略

一、技术更新换代概述

（一）技术更新换代的内涵

技术更新换代指的是在科技发展过程中，新技术不断涌现并逐渐取代旧技术的过程。这一过程涉及多个层面，包括技术原理、产品形态、应用方式等方面的变革。

从技术原理角度来看，随着科学研究的深入和创新，新的理论和方法不断被发现，原有的技术所基于的原理可能被更先进、更高效的原理所替代。例如，从传统的胶片相机到数码相机的转变，胶片相机基于化学成像原理，而数码相机则是依靠光电转换和数字信号处理技术，这种技术原理的根本性改变带来了拍摄方式、图像存储与处理等一系列的变革。

在产品形态方面，技术更新换代表现为产品的不断升级和创新。以手机为例，早期的手机功能较为单一，主要用于语音通话和简单的短信发送，体积较大且外观笨重。随着技术的发展，手机逐渐融合了拍照、上网、多媒体娱乐等多种功能，屏幕越来越大，机身越来越轻薄，外观设计也更加时尚美

观。如今的智能手机已经成为人们生活中不可或缺的多功能移动终端，这就是产品形态在技术更新换代过程中发生巨大变化的典型体现。

应用方式也是技术更新换代的重要体现。新技术的出现往往会改变人们使用产品或服务的方式。例如，互联网技术的发展，从早期的拨号上网到如今的高速宽带和无线网络，人们获取信息、交流沟通、购物娱乐等方式都发生了翻天覆地的变化。过去人们需要到实体店购物，现在通过电子商务平台，随时随地都能购买到全球各地的商品；过去人们通过书信、电话进行沟通，现在借助各种即时通信软件，不仅可以实时文字交流，还能进行语音通话和视频通话。

技术更新换代的速度在不同领域和时期有所不同，在一些科技前沿领域，如信息技术、生物科技等，更新换代的速度非常快，可能短短几年就会出现重大的技术变革；而在一些传统行业，技术更新换代的速度相对较慢，但也在持续推进。总体而言，技术更新换代是推动社会发展、提高生产效率、改善人们生活质量的重要动力。

（二）大学生沟通领域中技术更新换代挑战的具体展现

1. 沟通技术层出不穷

步入数字时代，技术创新的步伐加速。新的沟通技术与工具如雨后春笋般不断涌现，令人应接不暇。早期电子邮件和即时通信工具的出现，开启了数字化沟通的新纪元，打破了时间与空间对人们交流的限制。而如今，短视频社交、虚拟现实社交等新兴沟通方式异军突起，彻底颠覆了传统的沟通模式。短视频平台凭借其简洁直观、生动有趣的特点，迅速成为信息传播与社交互动的热门阵地。

大学生作为互联网的主力军，积极投身其中。他们若想适应这片社交新领域，就必须掌握拍摄、剪辑等一系列新技能。例如，通过精心策划拍摄内容，运用专业的剪辑软件对素材进行加工处理，制作出富有创意和吸引力的短视频，从而更好地展示自我、分享生活，与他人展开深度的沟通与交流。虚拟现实社交则借助先进的虚拟现实技术，为用户营造出身临其境的社交体验，让人们仿佛置身于同一个空间中进行互动，这同样要求大学生不断学习和适应新的操作与交流方式。

2. 技术学习难度增加

随着技术的持续升级迭代，新的沟通技术愈发复杂且专业，学习难度也水涨船高。以一些先进的沟通工具为例，专业视频会议软件功能强大且操作复杂，不仅涉及多种会议设置、文件共享、权限管理等功能，还需要对网络环境、设备连接等技术知识有一定了解。虚拟现实社交平台更是融合了虚拟现实技术、计算机图形学等多学科知识，用户在使用过程中需要掌握特定的交互方式和操作技巧。对于非技术专业的大学生来说，这些技术知识和操作技能犹如一道道难以跨越的鸿沟。他们在学习过程中往往面临着知识储备不足、理解困难等诸多问题。例如，在学习专业视频会议软件时，由于缺乏相关的技术背景，可能对一些高级功能的设置和使用感到困惑，无法充分发挥软件的优势，进而影响到实际的沟通效果。

3. 技术应用场景多样化

不同的沟通技术各自适配特定的应用场景，这对大学生的技术应用能力和场景判断能力提出了更高的要求。在学术交流领域，专业的文献管理软件和视频会议工具成为不可或缺的利器。文献管理软件能够帮助大学生高效整理和检索学术资料，方便在交流中快速获取所需信息；视频会议工具则打破了地域限制，使学生能够与国内外的专家学者进行实时交流与研讨。而在日常社交场景中，即时通信软件和社交媒体平台则备受青睐。大学生通过这些工具随时随地与朋友分享生活点滴、交流情感。例如，在小组作业中，根据任务的性质和成员的分布情况，可能需要选择合适的沟通工具。如果是需要实时协作编辑文档，在线协作平台会是首选；若是进行简单的任务分配和信息传达，即时通信软件则更为便捷。这种多样化的应用场景要求大学生能够敏锐地判断并选择最合适的技术工具，以实现高效沟通。

二、技术更新换代对大学生沟通技能培养的影响

（一）沟通技能培养滞后于技术发展

1. 沟通技能培养滞后的现状

技术更新换代的速度犹如闪电，而传统的沟通技能培养模式却在一定程度上显得步履蹒跚。高校作为培养大学生沟通技能的主阵地，其课程设置和教学内容往往难以跟上技术发展的节奏。在一些高校，沟通课程的设置仍然局限于传统的面对面沟通和书面沟通技巧的传授，对新兴的数字沟通技术涉及甚少。例如，在课堂教学中，教师可能侧重于讲解演讲技巧、写作规范等内容，而对于短视频制作、社交媒体运营等新兴沟通技能缺乏系统的教学。这就导致学生所学的沟通技能与现实需求严重脱节。当他们面对新的沟通场景，如在社交媒体上进行产品推广、利用直播平台进行学术分享时，往往感到手足无措，无法有效地运用所学知识进行沟通。

2. 沟通技能培养滞后带来的影响

沟通技能培养滞后给个人和社会都带来了一系列问题。对于个人而言，在职业发展方面，大学毕业生进入职场后，由于缺乏对新技术环境下沟通技能的掌握，往往难以适应新的工作要求。例如，在互联网企业中，项目沟通经常依赖于各种即时通信工具、项目管理软件，以及线上文档协作平台。如果员工不熟悉这些工具的高效使用方法，就可能导致信息传递不及时、不准确，影响工作效率和项目进度。在跨部门合作的项目里，由于不同部门可能使用不同的沟通工具和流程，员工若不能快速适应和切换，还可能引发部门间的沟通障碍，影响团队协作氛围。

在社交生活中，沟通技能培养的滞后也会给个人带来困扰。随着社交媒体和移动通信技术的发展，人们的社交方式发生了巨大变化。线上社交成为日常生活中不可或缺的一部分，各种社交平台都有其独特的沟通规则和文化。例如，在短视频社交平台上，用户需要掌握简洁明了且富有吸引力的表达方式，以及与粉丝互动的技巧。如果个人缺乏这方面的技能培养，可能在社交中难以吸引他人关注，无法有效地拓展社交圈子，甚至可能因为不了解线上社交礼仪而引发误会，影响人际关系。

从社会层面来看，沟通技能培养滞后于技术发展会影响信息传播的效率和质量。在信息爆炸的时代，信息传播的速度和范围都达到了前所未有的程度。新的技术平台为信息传播提供了广阔的渠道，但如果传播者缺乏相应的沟通技能，就可能导致信息过载、信息失真等问题。例如，在一些自媒体平台上，部分创作者由于没有经过专业的沟通技能训练，发布的内容缺乏深度和逻辑性，难以给受众带来真正有价值的信息。而且，由于缺乏对不同平台传播特点的了解，一些重要信息可能无法精准地传递到目标受众群体，降低了信息传播的效果。

（二）技术依赖导致沟通能力退化

如今，“双面”社交早已不是新鲜话题。很多人玩转不同社交平台，网络热梗、表情包等信手拈来，能快速与陌生人打成一片，可谓“人均社交达人”。可一旦“断网”，又是另一种状态：“面对面”常常感到紧张、焦虑，表现得比较拘谨、含蓄。即便对方近在咫尺，也下意识地选择发微信。就连无须四目相对的电话，有人还是不那么愿意接听。

过度依赖新的沟通技术和工具，会导致大学生的一些基本沟通能力进一步荒废。即时通信工具的广泛普及，使得大学生面对面交流的机会大幅减少，这就造成许多大学生打字交流时得心应手，面对面交流时却无话可说。在虚拟的网络世界中，人们通过文字、表情包等方式进行交流，语言表达能力、肢体语言运用能力，以及眼神交流能力等难以得到充分锻炼。例如，在日常的线上聊天中，学生们习惯了简洁的文字回复，逐渐忽视了语言的逻辑性和感染力。一些自动化的沟通辅助工具，如语音转文字、智能回复等，虽然在一定程度上提高了沟通效率，但也带来了负面影响。学生在使用这些工具时，无需过多思考和组织语言，长此以往，文字表达能力和独立思考能力可能会

逐渐削弱。比如，在撰写重要文案时，由于过度依赖智能回复功能，可能无法独立构思出高质量的内容。

（三）技术差异引发沟通障碍

大学生群体对于新技术的接纳程度与学习能力存在显著的差异性，这一差异造成了人际及团队协作的技术壁垒。

精通数字技术的学生，仿佛手持沟通的金钥匙，能够游刃有余地驾驭各式尖端工具，于信息交流的舞台上占据先机。他们不仅擅长迅速接纳新兴的沟通媒介，更善于以此为基础，丰富沟通的内涵与外延，实现效率与质量的双重飞跃。

反观那些在技术浪潮中稍显踉跄的学生，则在沟通领域内面临重重挑战。尤其是在集体项目合作的情境中，技术能力的分野尤为刺眼。一部分学生凭借对在线协作平台的娴熟操作，能够无缝衔接项目管理流程，实时同步资料、激烈讨论方案，确保团队航船稳健前行。而另一部分学生，囿于技术知识的匮乏，难以有效融入这一数字化的沟通网络，往往错失讨论的良机，信息的滞后与失真随之而生，团队内部的沟通渠道因此梗阻，项目的整体节奏与成员间的和谐氛围皆受波及。

此般技术差异所诱发的沟通障碍，不仅阻碍了知识的顺畅流通，更在某种程度上重塑了团队合作的生态，使得技术优势成为影响团队协作成效的关键因素之一。因此，如何弥合这道由技术掌握程度不同而产生的鸿沟，促进所有成员在技术沟通平台上平等对话，成为亟待解决的时代课题。

三、大学生应对技术更新换代挑战的有效策略

（一）培养大学生自主学习与技术探索精神

在沟通技术日新月异的当下，大学生不能仅依靠学校既定的课程设置，而应着力培养强烈的自主学习意识。首先，养成定期关注多媒介沟通技术资

讯的习惯至关重要。大学生可订阅诸如《传播学季刊》等专业学术期刊的电子版，关注虎嗅网、艾瑞咨询等聚焦互联网传播领域的行业博客。通过这些渠道，及时洞悉行业内沟通技术的最新动态，了解新的社交平台、即时通信工具的发布情况，以及它们在不同场景下的应用案例。持续关注能让大学生敏锐把握沟通技术的发展走向，提前规划并为学习新的沟通技能做好充分准备。

同时，鼓励大学生积极探索新的媒介沟通技术的应用场景。以当下热门的视频会议技术为例，学生可自行注册使用 Zoom、腾讯会议等平台，尝试组织线上小组讨论、模拟商务会议等活动。在这一过程中，深入了解视频会议技术在不同网络环境下的稳定性、画面与声音质量的优化方法，以及如何运用虚拟背景、共享屏幕等功能提升沟通效果。通过实际操作，学生不仅能透彻理解这些技术的原理，还能学会根据不同的沟通目的和对象，精准选择和运用合适的沟通技术，有效提升应对沟通技术变化的能力。

此外，在线课程学习也是自主学习的重要组成部分。像 Coursera 上的“数字时代的沟通技巧”课程，由知名大学教授授课，系统讲解数字媒体环境下的沟通理论与实践技巧；edX 平台的“社交媒体沟通策略”课程，深入剖析社交媒体平台的传播机制和沟通策略。大学生可依据自身兴趣和需求，选择这些与新兴沟通技术紧密相关的课程进行系统学习，从而拓宽沟通技术视野，掌握前沿的沟通知识和方法。

（二）构建技术交流与合作网络

构建广泛的沟通技术交流与合作网络，能使大学生在应对沟通技术快速更新换代时获得更多支持与启发。

一方面，积极参与各类沟通技术社区和论坛。例如，“产品经理社区”不仅汇聚了众多专注于互联网产品设计与运营的专业人士，也有不少大学生在此交流沟通技术在产品中的应用经验。大学生可在这类社区注册账号，参与关于新上线沟通类产品功能优化的讨论，提出自己对于用户沟通体验改进的

见解和疑问，与不同背景的技术爱好者共同探讨。通过这种交流，能接触到各种独特的媒介沟通技术思路和解决方案，为自身应对沟通技术挑战提供丰富的参考。

另一方面，参加媒介沟通技术相关社团和学术组织。高校内部常见的新媒体协会、演讲与口才协会等社团，经常组织各类与沟通技术紧密相关的活动。加入这些社团，大学生可以参与社团组织的新媒体沟通技巧讲座、跨平台沟通策略研讨会、新媒体创意竞赛等活动。在社团活动中，与志同道合的同学携手探讨新兴沟通技术在校园文化传播、社团活动推广等方面的应用，合作完成一些小型的新媒体项目，如制作校园短视频、运营社团官方公众号等。这种团队合作方式不仅有助于提升个人的沟通技术水平，还能有效培养团队协作和沟通能力。

此外，充分利用校友网络和行业人脉也不容忽视。校友们在不同行业和领域积累了丰富的沟通实践经验，通过校友聚会、线上校友群等渠道与他们建立联系，向他们请教在实际工作中如何运用沟通技能解决问题，以及获取职业发展方面的建议。同时，积极参加行业会议和招聘会，结识行业内的专业人士，如企业的新媒体运营总监、沟通策略专家等。这些人脉关系可能为大学生提供实习机会，如参与企业的新媒体项目策划与执行；或者带来项目合作机会，如共同开展针对特定群体的沟通技术应用研究；也可以分享一些行业内关于新媒体沟通技能发展趋势的内部信息，助力大学生更好地应对沟通技术更新换代带来的挑战。

（三）开展技术帮扶与培训

为了缩小学生之间的技术差距，消除技术鸿沟，高校应积极开展技术帮扶与培训活动。一方面，可以组织技术志愿者团队，为技术掌握不足的学生提供一对一的辅导和培训。这些志愿者可以由技术能力较强的学生或教师组成，他们根据学生的具体需求和技术水平，制订个性化的培训方案，帮助学生逐步掌握新的沟通技术和工具。另一方面，学校可以定期举办技术讲座和培训课程，邀请专业技术人员介绍最新的沟通技术和应用案例。专业技术人员凭借其丰富的实践经验和专业知识，能够深入浅出地讲解技术要点，并分享实际应用中的成功经验和注意事项。例如，设立技术帮扶小组，让技术能力强的学生与技术薄弱的学生结成对子，共同完成沟通项目。在项目实施过程中，技术能力强的学生可以给予技术指导，技术薄弱的学生则在实践中不断学习和提高，通过这种方式促进学生之间的技术交流和共同进步。

第四节　个体与群体差异应对策略

一、个体差异与群体差异概述

（一）个体差异的定义及其表现

个体差异指的是大学生个体之间在多个维度上存在的不同，这些差异会对沟通技能培养产生影响。主要体现在以下几个方面。

1. 性格差异

性格类型多种多样，如外向型和内向型。外向的大学生往往更乐于主动发起沟通，在公开场合或群体环境中表现得较为活跃，喜欢通过交谈分享想法和感受，在数字时代，他们可能积极参与各种线上群组讨论、直播互动等。而内向的大学生可能在沟通中较为含蓄、内敛，更倾向于深度思考后再表达观点。在数字环境里，他们或许更适应文字交流方式，如在社交媒体上通过私信、评论发表见解，面对即时性、互动性强的沟通场景，如视频会议、线上实时辩论时，可能会感到压力较大，这对他们沟通技能的全面发展和不同场景下的灵活运用带来挑战。

2. 认知风格差异

认知风格反映了个体在感知、记忆、思考和解决问题等方面的偏好。场依存型的大学生在信息加工时依赖外部环境线索，对他人的观点和意见较为

敏感，在沟通中可能更注重对方的态度和反应，容易受到群体氛围的影响。而场独立型的大学生倾向于依靠自己内部的参照系统，在沟通中更坚持自己的观点，对信息有较强的分析和判断能力，但可能在理解他人观点时不够全面。不同认知风格导致大学生在沟通中接收、理解和处理信息的方式不同，给沟通技能培养带来多样化的难点。

3. 数字素养差异

数字素养涵盖了对数字技术的了解、操作和运用能力。部分大学生从小接触各类数字设备和网络资源，对新技术接受快，能够熟练运用各种数字沟通工具，如熟练使用视频编辑软件制作沟通素材、利用社交媒体平台进行高效信息传播。然而，一些学生由于成长环境、教育资源等因素限制，数字素养相对较低，在面对复杂的数字沟通工具和平台时感到力不从心，如不熟悉线上会议软件的操作、难以通过数字手段准确表达自己的想法，这使得他们在数字时代的沟通学习中起点不同，加大了沟通技能培养的难度。

（二）群体差异的定义及其表现

群体差异指的是不同大学生群体之间在特征、行为模式等方面的区别，这些区别影响着沟通技能培养的方式和效果。主要包括以下几点。

1. 专业差异

不同专业的大学生由于学习内容、思维方式和培养目标的不同，在沟通技能需求和表现上存在差异。理工科专业学生注重逻辑思维和严谨性，在沟通中可能更擅长用数据和事实说话，语言简洁明了，但在表达情感和人文观点方面可能相对薄弱。文科专业学生则强调人文素养和表达能力，沟通风格较为细腻、富有感染力，但在涉及专业技术领域的沟通时，可能需要花费更多时间理解专业术语和概念。这种专业差异导致不同专业学生在沟通技能培养方向和重点上各有不同，难以采用统一模式进行培养。

2. 年级差异

不同年级的大学生处于不同的学习和成长阶段，沟通特点和需求也有所不同。大一新生刚进入大学，处于适应阶段，在沟通中可能更倾向于向学长学姐、老师寻求帮助和信息，沟通内容多围绕校园生活、学习适应等方面。随着年级升高，大二、大三学生开始专注于专业学习和职业规划，沟通需求更多集中在专业知识交流、实习求职等领域。而大四学生面临毕业，沟通重点则转向就业、深造等实际问题。年级差异使得沟通技能培养需要根据不同阶段的特点和需求进行分层设计和指导。

3. 地域差异

来自不同地域的大学生，由于地域文化、方言、生活习惯等方面的不同，在沟通方式和风格上存在明显差异。例如，一些地区的文化强调热情豪爽，人们在沟通中语言表达较为直接、音量较大；而另一些地区文化注重含蓄委婉，沟通时措辞较为谨慎、语气平和。这种地域文化差异可能导致大学生在跨地域交流中出现误解或沟通不畅的情况，增加了沟通技能培养中促进多元文化交流与理解的复杂性。

二、个体差异与群体差异对大学生沟通技能培养的影响

（一）增加沟通难度

个体和群体差异使得大学生在沟通中需要面对更多的不确定性和复杂性，增加了沟通的难度。学生需要花费更多的时间和精力去理解对方的意图、适应对方的沟通方式，否则容易产生误解和冲突。例如，在跨文化交流的宿舍中，不同文化背景的学生可能因为沟通方式的差异，在日常相处中产生矛盾和不愉快。

（二）影响沟通效果评估

由于存在个体和群体差异，对于沟通效果的评估也变得更加复杂。不同的学生对沟通效果的期望和评价标准不同，同样的沟通行为在不同学生眼中可能有不同的评价。这使得教师和学生在判断沟通技能培养的成效时面临困

难，难以制定统一的评估标准。

（三）阻碍沟通技能的共同提升

个体和群体差异可能导致学生之间形成沟通壁垒，限制了学生之间的相互学习和交流。数字素养高的学生可能不愿意与数字素养低的学生合作，不同文化背景或兴趣爱好的学生之间也可能缺乏沟通的动力。这种情况不利于全体学生沟通技能的共同提升，容易造成两极分化。

三、应对个体差异与群体差异挑战的有效策略

（一）针对个体差异的应对策略

1. 开展分层数字素养培训

学校应根据学生的数字素养水平进行分层教学。对于数字素养较弱的学生，开设基础课程，从数字设备的基本操作、常用沟通软件的使用等方面进行系统培训；对于有一定基础的学生，提供进阶课程，如数据分析在沟通决策中的应用、数字内容创作等，满足不同层次学生的需求，提升整体数字素养水平。

2. 个性化沟通指导

教师和辅导员要关注学生的性格差异，为学生提供个性化的沟通指导。对于性格内向的学生，鼓励他们从参与小型、熟悉的沟通场景开始，逐步建立自信；对于性格外向的学生，引导他们注重沟通的深度和准确性。同时，提供多样化的沟通实践机会，让学生根据自身性格特点选择适合自己的方式进行锻炼。

3. 激发学习动力，提供差异化学习支持

通过开展沟通技能重要性的专题讲座、分享成功案例等方式，激发学生的学习动力。针对学习能力不同的学生，教师在教学中采用差异化教学方法，如为学习困难的学生提供额外辅导、简化学习任务；为学习能力强的学生提

供拓展性学习资源，鼓励他们进行深入研究和实践。

（二）针对群体差异的应对策略

1. 搭建跨专业沟通平台

学校组织各类跨专业项目、社团活动和学术交流活动，促进不同专业学生之间的合作与交流。在活动中，设置专门的沟通培训环节，引导学生了解不同专业的思维方式和沟通特点，学习跨专业沟通技巧，提高沟通效果。

2. 设计分层分类的沟通技能培训体系

根据年级差异，为低年级学生设计基础沟通技能培训课程，重点培养语言表达、倾听等基本能力；为高年级学生提供专业沟通技巧、职场沟通等进阶课程。同时，结合不同年级学生的特点，采用多样化的教学方法，如低年级以案例教学、模拟演练为主，高年级以项目实践、行业专家讲座为主。

3. 举办多元文化交流活动

开展地域文化交流节、文化主题座谈会等活动，让学生了解不同地域的文化差异和沟通习惯。通过文化展示、互动体验等环节，增进学生之间的相互理解和尊重，减少因地域文化差异导致的沟通障碍。

总之，数字时代下，大学生沟通技能培养面临的个体差异与群体差异挑战是复杂多样的。通过采取针对性的应对策略，满足不同学生在沟通技能培养方面的需求，能够有效提升大学生的沟通能力，使他们更好地适应数字时代的社会交往和未来职业发展的要求。

第八章　数字时代下构建大学生沟通技能培养体系的路径

在数字时代下，构建大学生沟通技能培养体系显得尤为迫切且重要。这不仅是对传统教育模式的一种革新，更是对现代社会对人才综合素质要求的积极回应。数字技术的迅猛发展，改变了人们的沟通方式和交流习惯，因此，教育体系必须与时俱进，将数字技术与沟通技能培养相结合，培养出既具备扎实专业知识，又拥有高效沟通能力的复合型人才，以满足未来社会的多元化需求。本章主要聚焦于四个核心层面：课程体系建设、实践活动建设、校园文化与氛围营造以及师资队伍建设展开全面且深入的探讨。这四个层面相辅相成，共同构建起一个完善的大学生沟通技能培养体系。

第一节　课程体系的构建与优化

一、课程体系建设的目标与原则

数字时代以前所未有的速度和深度改变了人们的沟通方式与交流环境。对于大学生而言，这既带来了全新的沟通机遇，也使其面临诸多挑战。在这个信息爆炸、媒介多元的时代，大学生沟通技能的培养至关重要，它不仅关乎大学生个人的成长与发展，更影响着其未来在社会中的适应能力与竞争力。

课程体系建设作为培养大学生沟通技能的核心环节，承担着系统传授知识、训练技能，以及塑造沟通素养的重要使命。深入探讨数字时代下大学生沟通技能培养课程体系的建设路径，具有重要的理论和实践意义。

（一）目标

1. 知识目标

使大学生系统掌握沟通的基本理论、多媒介沟通的知识，以及不同文化背景下的沟通规范。了解沟通的历史发展、沟通心理学基础、各类数字媒介的特点和功能，以及不同国家和文化群体的沟通模式差异。

2. 技能目标

培养大学生在各种数字媒介环境下的沟通技能，包括但不限于口头表达、书面表达、倾听、非语言沟通、数字信息处理与呈现等技能。使他们能够熟练运用不同媒介进行清晰、准确、有效的信息传递和互动交流。

3. 素养目标

塑造大学生良好的沟通素养，包括尊重他人、理解多元观点、具备批判性思维和沟通伦理意识。培养他们在沟通中尊重不同意见，以开放的心态接纳多元文化，运用批判性思维分析信息，遵循道德和法律规范进行沟通。

（二）原则

1. 系统性原则

课程体系应涵盖沟通技能培养的各个方面，从基础理论到实践应用，从单一媒介沟通到多媒介融合沟通，形成一个有机的整体。各课程之间应相互衔接、循序渐进，避免内容的重复和脱节。

2. 针对性原则

紧密结合数字时代的特点和大学生的实际需求，针对大学生在数字沟通中面临的问题和挑战，设计具有针对性的课程内容和教学方法。关注不同专

业、不同年级大学生的差异，提供个性化的沟通技能培养方案。

3. 实践性原则

强调实践教学在课程体系中的重要地位，通过案例分析、模拟演练、项目实践等多种方式，让大学生在实际操作中提高沟通技能。实践教学应占课程总学时的一定比例，确保学生有足够的机会将理论知识应用于实践。

4. 创新性原则

积极引入数字时代的新技术、新方法和新观念，不断创新课程内容和教学模式。利用虚拟现实、增强现实、人工智能等技术手段，丰富教学资源，提高教学效果。鼓励教师开展教学改革和创新实践，探索适合数字时代的沟通技能培养路径。

二、课程体系的架构设计

（一）基础课程模块

1. 沟通原理与技巧

系统介绍沟通的基本概念、过程、要素和类型，讲解沟通的基本原则和通用技巧，如倾听技巧、表达技巧、反馈技巧等。通过理论讲解和课堂互动，使学生对沟通有全面的认识，为后续课程学习打下坚实的基础。

2. 数字时代沟通概论

分析数字时代对沟通的影响，介绍数字媒介的发展历程、现状和趋势，讲解数字时代沟通的特点和新要求。引导学生认识数字时代沟通的重要性，了解数字沟通的基本框架和模式。

3. 沟通心理学

探讨沟通中的心理因素，包括个体的认知、情感、态度对沟通的影响，以及人际关系中的心理互动。帮助学生理解沟通对象的心理需求和行为动机，提高沟通中的心理调适能力和人际交往能力。

（二）核心课程模块

1. 多媒介沟通技能训练

针对不同的数字媒介，如社交媒体、即时通信工具、电子邮件、视频会议，进行专项沟通技能训练。包括各媒介的功能使用、信息撰写与发布规范、互动策略等。通过实际操作和案例分析，让学生熟练掌握在不同媒介环境下的沟通技巧。

2. 数字信息处理与表达

教授学生如何筛选、分析、整合数字信息，运用数字工具进行信息的可视化处理和创意表达。课程内容涵盖数据挖掘、信息图表制作、数字故事讲述等，培养学生在数字时代下准确、清晰、生动地表达信息的能力。

3. 虚拟社交与网络礼仪

深入探讨虚拟社交的特点、规则和礼仪规范，引导学生正确认识虚拟社交中的自我形象塑造、人际关系维护和社会责任。通过模拟虚拟社交场景，让学生实践虚拟社交礼仪，提高在虚拟社交环境中的沟通素养。

4. 跨文化沟通

介绍不同文化的价值观、语言习惯、非语言沟通方式等，分析跨文化沟通中的常见问题和障碍。通过案例分析、角色扮演等方式，培养学生的跨文化意识和沟通能力，使他们能够在多元文化背景下进行有效的沟通与合作。

（三）拓展课程模块

1. 商务沟通

针对有商务沟通需求的学生，开设商务沟通课程。内容包括商务谈判技巧、商务演讲、商务写作等，培养学生在商务场景中的专业沟通能力，使他们能够适应职场中的商务沟通要求。

2. 新媒体营销沟通

结合新媒体发展趋势，讲解新媒体营销中的沟通策略和方法。包括社交

媒体营销、内容营销、网络广告等方面的沟通技巧，培养学生在新媒体营销领域的沟通能力，为未来从事相关工作打下基础。

3. 危机沟通

教授学生在危机情境下的沟通原则和方法，包括危机预警、危机应对中的信息发布、媒体沟通等。通过模拟危机场景，提高学生的危机沟通意识和应对能力，使其能够在紧急情况下有效地进行沟通和协调。

（四）实践课程模块

1. 沟通实践项目

设置综合性的沟通实践项目，要求学生以团队形式完成。项目主题可以涵盖数字营销活动策划、跨文化交流活动组织、虚拟社区运营等。通过实践项目，学生将所学的沟通知识和技能综合应用，提高解决实际问题的能力和团队协作能力。

2. 实习与见习

安排学生到相关企业、机构进行实习或见习，让他们在真实的工作环境中体验和实践沟通技能。实习单位可以包括互联网企业、广告公司、跨国公司等，通过实习导师的指导和实际工作的锻炼，学生能够更好地将课堂所学与实际工作相结合，提升沟通技能的实际应用水平。

三、课程内容的优化与更新

（一）融入数字时代新元素

1. 实时关注数字媒介发展动态

及时将新出现的数字媒介和沟通方式纳入课程内容，如短视频平台、直播社交等。讲解这些新媒介的特点、功能和沟通策略，使学生能够跟上数字时代的发展步伐，掌握最新的沟通工具和方法。

2. 引入数字沟通案例

收集和整理数字时代下各类成功和失败的沟通案例，包括企业的数字营销案例、网络舆情事件中的沟通应对等。通过案例分析，引导学生深入理解数字时代沟通的特点和规律，学习成功经验，吸取失败教训。

（二）强化跨学科融合

1. 与信息技术学科融合

在课程中增加信息技术相关知识，如数字工具的使用技巧、信息安全与隐私保护等。使学生在掌握沟通技能的同时，具备一定的信息技术素养，能够更好地运用数字工具进行沟通。

2. 与心理学、社会学等学科融合

深入探讨沟通中的心理、社会因素，将心理学、社会学的理论和研究成果应用于沟通课程中。例如，运用社会心理学中的群体沟通理论，分析虚拟社区中的互动模式；运用心理学中的情感沟通理论，提高学生在数字沟通中的情感表达和感知能力。

（三）注重沟通伦理教育

1. 明确沟通伦理规范

在课程中系统讲解沟通伦理的原则和规范，包括诚实、尊重、责任等。通过案例分析和课堂讨论，让学生明确在数字时代沟通中应遵循的道德和法律底线，避免虚假信息传播、网络暴力等不道德和违法行为。

2. 培养沟通伦理意识

引导学生反思自己在沟通中的行为和决策，培养他们的沟通伦理意识。通过设置伦理困境讨论、角色扮演等教学活动，让学生在实践中学会权衡沟通行为的利弊，做出符合伦理规范的选择。

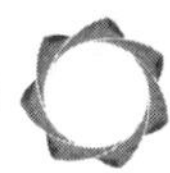

四、教学方法与手段的创新

（一）项目式学习法

1. 设计真实项目任务

根据课程目标和内容，设计具有实际应用价值的项目任务，如策划一场线上营销活动、组织一次跨文化网络交流会议等。项目任务应涵盖多媒介沟通、数字信息处理、团队协作等多个方面的技能要求，让学生在完成项目的过程中全面提升沟通能力。

2. 团队协作与自主学习

将学生分成小组，以团队形式完成项目任务。在项目实施过程中，鼓励学生自主学习、探索和解决问题。教师作为项目导师，提供必要的指导和支持，引导学生逐步完成项目目标，培养学生的团队协作能力和自主学习能力。

（二）情境模拟教学法

1. 创设多样化模拟情境

利用多媒体技术、虚拟现实技术等，创设各种数字时代的沟通情境，如虚拟商务谈判、网络舆情应对、社交媒体互动。让学生在模拟情境中扮演不同的角色，进行沟通实践，增强学生对真实沟通场景的体验和应对能力。

2. 实时反馈与评价

在模拟情境教学中，教师实时观察学生的表现，及时给予反馈和指导。模拟结束后，组织学生进行自我评价和互评，分析模拟过程中的优点和不足，提出改进措施。通过反复的情境模拟和反馈评价，提高学生的沟通技能和应变能力。

（三）线上线下混合式教学

1. 线上资源建设

建设丰富的线上教学资源，包括课程视频、在线测试、案例库、讨论论坛等。学生可以通过线上平台自主学习课程知识，观看教学视频，参与在线讨论，完成作业和测试。线上资源为学生提供了灵活的学习方式，满足不同学生的学习需求。

2. 线下课堂互动

定期组织线下课堂教学，教师与学生进行面对面的交流和互动。线下课堂以问题讨论、案例分析、实践演练等活动为主，教师针对学生在线上学习过程中遇到的问题进行解答和指导，促进学生之间的思想碰撞和合作学习。通过线上线下混合式教学，充分发挥线上教学的灵活性和线下教学的互动性优势，提高教学效果。

（四）利用人工智能辅助教学

1. 智能辅导系统

开发智能辅导系统，利用人工智能技术为学生提供个性化的学习辅导。智能辅导系统可以根据学生的学习进度、测试成绩和学习习惯，为学生推荐适合的学习内容和学习方法，解答学生的疑问，提供实时反馈和建议。

2. 沟通模拟训练

利用人工智能技术创建虚拟沟通伙伴，让学生与虚拟伙伴进行模拟沟通训练。虚拟沟通伙伴可以模拟不同的沟通风格和情境，为学生提供多样化的沟通训练机会。人工智能技术还可以对学生的沟通表现进行分析和评价，帮助学生发现自己的不足之处，有针对性地进行改进。

第二节　实践体系的建设与实施

数字时代下，构建一套科学有效的大学生沟通技能培养体系迫在眉睫，而实践活动体系建设作为其中的核心环节，对于提升大学生沟通技能具有不可替代的作用。通过有针对性的实践活动，能够让大学生在实际操作和体验中不断锻炼和提高沟通能力，更好地适应数字时代的发展需求。

一、实践活动体系建设在大学生沟通技能培养中的重要性

（一）提供真实的沟通场景

实践活动能够模拟或创造出各种真实的沟通场景，让大学生有机会在实际情境中运用所学的沟通知识和技能。与传统的课堂教学相比，实践活动更贴近现实生活，能够让大学生深刻体会到不同沟通场景下的需求和挑战，从而有针对性地提高自己的沟通能力。例如，组织模拟商务谈判活动，让大学生扮演不同的角色，在模拟的商务场景中进行沟通与协商，锻炼他们的商务沟通技巧和应变能力。

（二）促进知识与技能的转化

通过实践活动，大学生能够将在课堂上学到的沟通理论知识转化为实际操作技能。在实践过程中，他们会遇到各种具体的问题和困难，需要运用所学知识进行分析和解决。这种知识与技能的转化过程能够加深大学生对沟通知识的理解和记忆，提高他们运用沟通技能的熟练度和准确性。例如，在校园新闻采访实践活动中，大学生需要运用采访技巧、提问策略等知识，与采访对象进行有效的沟通，获取有价值的信息，从而将理论知识转化为实际的采访能力。

（三）培养团队协作与沟通能力

许多实践活动都以团队形式开展，这为大学生提供了锻炼团队协作与沟通能力的机会。在团队中，成员之间需要分工合作、相互协调，通过有效的沟通来实现共同的目标。在团队实践活动中，大学生能够学会倾听他人的意见和建议，表达自己的想法和观点，学会处理团队中的冲突和矛盾，提高团队协作能力和沟通效率。例如，组织团队创业项目实践活动，团队成员需要共同进行市场调研、项目策划、产品推广等工作，在这个过程中不断加强沟通与协作，共同推动项目的进展。

（四）增强自信心和应变能力

在实践活动中，大学生需要不断面对新的沟通情境和挑战，通过成功地完成沟通任务，能够增强他们的自信心。同时，实践活动也能够锻炼大学生的应变能力，让他们在面对突发情况或意外问题时，能够迅速调整沟通策略，保持冷静和理智，有效地解决问题。例如，在演讲比赛或辩论活动中，大学生可能会遇到忘词、对手犀利反驳等突发情况，通过多次实践锻炼，他们能够逐渐提高自己的应变能力，更加自信地应对各种沟通场合。

（五）满足个性化发展需求

不同的大学生在沟通技能方面存在着不同的优势和不足，实践活动体系可以提供多样化的实践项目和活动形式，满足大学生的个性化发展需求。大学生可以根据自己的兴趣、特长和职业规划选择适合自己的实践活动，有针对性地提升自己的沟通技能。例如，对于有文学特长的学生，可以参加校园文学创作与交流活动，提高文字表达和文学沟通能力；对于有艺术天赋的学生，可以参与校园文艺演出的组织与策划活动，锻炼舞台沟通和组织协调能力。

二、大学生沟通技能培养实践活动体系的目标设定

（一）总体目标

通过构建完善的实践活动体系，全面提升大学生在数字时代的沟通技能，使大学生具备良好的语言表达能力、倾听能力、非言语沟通能力、跨文化沟通能力，以及信息处理能力，能够在不同的沟通情境中准确、有效地表达自己的观点，理解他人的意图，建立良好的人际关系，为未来的学习、生活和职业发展奠定坚实的基础。

（二）具体目标

1. 语言表达能力目标

第一，能够清晰、流畅、有条理地进行口头表达，语音语调准确，用词恰当，逻辑严谨。

第二，具备较强的书面表达能力，能够撰写结构合理、内容丰富、语言规范的各类文书，如报告、论文、邮件。

2. 倾听能力目标

第一，学会专注倾听他人的讲话，能够理解对方的主要观点和情感态度。

第二，掌握倾听技巧，如提问、反馈，能够与对方进行有效的互动，确保沟通的顺畅进行。

3. 非言语沟通能力目标

第一，了解非言语沟通的重要性，能够运用适当的肢体语言、面部表情和眼神交流来增强沟通效果。

第二，在虚拟沟通环境中，能够通过恰当的文字排版、表情符号等方式传达非言语信息，使沟通更加生动、准确。

4. 跨文化沟通能力目标

第一，增强对不同文化的认知和理解，尊重文化差异，避免因文化误解而产生沟通障碍。

第二，掌握跨文化沟通的基本技巧和策略，能够与来自不同文化背景的人进行有效的沟通与合作。

5. 信息处理能力目标

第一，学会运用各种工具和方法收集、整理信息，能够从海量信息中筛选出有价值的内容。

第二，具备对信息进行分析、评估和整合的能力，能够在沟通中准确运用信息支持自己的观点，提高沟通的说服力。

6. 沟通伦理与法律意识目标

第一，了解沟通伦理和相关法律法规的基本内容，树立正确的沟通价值观。

第二，在沟通实践中，能够自觉遵守沟通伦理和法律法规，做到合法、合规、合乎道德地进行沟通。

三、大学生沟通技能培养实践活动体系的内容设计

（一）基础沟通技能训练活动

1. 演讲与口才训练

开设演讲与口才课程，组织定期的演讲训练活动，如主题演讲、即兴演讲。让大学生在实践中锻炼语言表达能力、声音控制能力和舞台表现力。

举办演讲比赛，为大学生提供展示自己演讲水平的平台，同时邀请专业评委进行点评和指导，帮助大学生不断提高演讲技能。

2. 写作与表达实践

开展各类写作工作坊，如新闻写作、创意写作、学术写作，指导大学生掌握不同类型写作的规范和技巧。

组织写作比赛，鼓励大学生积极参与，提高他们的书面表达能力和文字运用能力。同时，设立优秀作品展示平台，如校园文学刊物、网站专栏，激发大学生的写作热情。

3. 倾听与反馈训练

设计专门的倾听训练课程和活动，通过模拟对话、角色扮演等方式，让大学生学会专注倾听他人讲话，理解对方的意图和情感。

组织倾听技巧实践活动，如小组讨论、案例分析等，要求大学生在活动中运用倾听技巧，并及时给予对方反馈，提高倾听与反馈能力。

（二）团队协作沟通实践活动

1. 团队项目实践

开展各类团队项目，如创业项目、科研项目、文化活动策划。让大学生

在团队中担任不同的角色，共同完成项目任务。在项目实施过程中，培养大学生的团队协作意识、沟通协调能力和问题解决能力。

建立团队项目导师制度，邀请专业教师或企业专家担任导师，对团队项目进行指导和监督，确保项目的顺利进行，同时为大学生提供专业的建议和反馈。

2. 团队拓展训练

组织团队拓展训练活动，通过各种户外拓展项目和室内团队游戏，增强团队成员之间的信任、沟通和协作能力。

在团队拓展训练中，设置一些需要团队成员密切配合才能完成的任务，如高空挑战、团队拼图等，让大学生在挑战中体验团队沟通的重要性，提高团队凝聚力。

（三）跨文化沟通实践活动

1. 国际交流项目

积极开展国际交流项目，如学生交换计划、国际学术研讨会、国际志愿者活动，为大学生提供与国外学生和学者交流的机会。

在国际交流项目中，组织跨文化沟通培训课程，帮助大学生了解不同国家和文化的特点、价值观和沟通方式，提高他们的跨文化沟通能力。同时，安排专门的指导教师，为大学生在国际交流过程中遇到的沟通问题提供及时的帮助和支持。

2. 多元文化体验活动

举办多元文化节、国际文化展览等活动，邀请不同国家和地区的留学生、外教参与，展示各国的文化特色、风俗习惯和艺术成果。

组织跨文化交流工作坊，让大学生与不同文化背景的人进行面对面的交流和互动，分享彼此的文化经验和见解，增进对多元文化的理解和包容。

（四）数字沟通技能实践活动

1. 新媒体运营实践

设立校园新媒体运营团队，让大学生参与校园官方微信公众号、微博、抖音等新媒体平台的运营工作。在实践中，大学生需要运用数字沟通技能，制作吸引人的内容，与粉丝进行互动，提高信息传播效果。

开展新媒体运营培训课程，教授大学生新媒体平台的使用技巧、内容创作方法、数据分析等知识，提升他们的新媒体运营能力和数字沟通水平。

2. 线上协作项目

组织线上协作项目，如在线课程开发、虚拟团队科研。让大学生在虚拟环境中与团队成员进行协作，通过各种线上协作工具（如腾讯文档、钉钉）进行沟通和交流。

在项目实施过程中，引导大学生掌握线上协作的沟通技巧和方法，如合理安排沟通时间、清晰表达任务要求、及时反馈工作进展，提高他们在虚拟环境中的沟通协作能力。

（五）沟通伦理与法律教育实践活动

1. 专题讲座与案例分析

举办沟通伦理与法律专题讲座，邀请法律专家和伦理学者为大学生讲解沟通伦理和相关法律法规的知识，如网络侵权、隐私保护。

开展案例分析活动，选取一些典型的沟通伦理与法律案例，组织大学生进行分析和讨论，引导他们思考在不同情境下如何遵守沟通伦理和法律法规，增强法律意识，提升道德素养。

2. 模拟法庭与辩论活动

组织模拟法庭活动，让大学生扮演法官、律师、当事人等角色，模拟真实的法律审判过程，通过辩论和陈述，加深对沟通伦理与法律的理解和运用。

举办沟通伦理与法律主题辩论比赛，设置一些具有争议性的话题，如网

络言论自由与责任等，让大学生在辩论中深入探讨沟通伦理与法律的边界和内涵，培养他们的批判性思维和法律意识。

四、大学生沟通技能培养实践活动体系的实施策略

（一）加强组织领导

高校应成立专门的大学生沟通技能培养工作领导小组，由学校领导担任组长，成员包括教务处、学生处、团委、各学院等相关部门负责人。领导小组负责统筹规划实践活动体系建设，制定相关政策和制度，协调各方资源，确保实践活动的顺利开展。

（二）整合资源

1. 师资资源整合

组建一支专兼职相结合的实践活动指导教师队伍。专职教师负责沟通技能相关课程的教学和实践活动的总体指导；兼职教师可以邀请企业高管、行业专家、校友等担任，他们具有丰富的实践经验，能够为大学生提供实际工作中的沟通案例和技巧指导。

定期组织教师培训和交流活动，提高教师的沟通技能教学水平和实践指导能力。鼓励教师开展相关教学研究和实践探索，不断创新教学方法和实践活动形式。

2. 场地与设备资源整合

充分利用学校现有的教学场地和设施，如教室、会议室、实验室，为实践活动提供必要的场所。同时，建设专门的沟通技能训练实验室，配备先进的多媒体设备、模拟沟通场景道具等，为大学生提供更加真实的实践环境。

加强与企业、社区等外部机构的合作，建立校外实践基地，为大学生提供更多的实践机会和平台。例如，与企业合作开展实习项目、与社区合作组织志愿服务活动等，让大学生在真实的社会环境中锻炼沟通技能。

（三）建立激励机制

建立完善的激励机制，对在沟通技能培养实践活动中表现优秀的学生和教师进行表彰和奖励。例如，设立沟通技能优秀学生奖、实践活动优秀指导教师奖等，对获奖学生和教师给予物质奖励和精神鼓励。

将学生在实践活动中的表现纳入综合素质评价体系，作为评优评先、奖学金评定、推免研究生等方面的重要参考依据，激发学生参与实践活动的积极性和主动性。

（四）分层分类指导

1. 根据年级分层指导

针对不同年级的大学生，制定不同层次的实践活动目标和内容。对于低年级学生，主要开展基础沟通技能训练活动，如演讲与口才训练、写作与表达实践，帮助他们打下坚实的沟通基础。

对于高年级学生，则侧重于开展综合性的实践活动，如团队项目实践、跨文化沟通实践，培养他们的综合沟通能力和职业素养，为未来的就业和深造做好准备。

2. 根据专业分类指导

结合不同专业的特点和需求，设计具有针对性的实践活动。例如，对于文科专业的学生，可以加强文学创作、文化传播等方面的实践活动；对于理工科专业的学生，则注重科技报告写作、项目汇报演讲等方面的训练；对于商科专业的学生，着重开展商务谈判、市场营销沟通等实践活动，提高实践活动的专业性和实效性。

第三节　校园文化的营造与培育

校园文化作为学校教育的重要组成部分，对大学生的价值观、行为习惯

和技能发展具有潜移默化的影响。营造积极、健康且有利于沟通技能培养的校园文化氛围，是数字时代提升大学生沟通能力的关键所在。通过构建科学合理的校园文化与氛围营造体系，能够为大学生提供丰富的沟通实践机会和良好的沟通学习环境，促进他们在数字时代更好地掌握和运用沟通技能，实现全面发展。

一、校园文化与大学生沟通技能培养的内在联系

（一）校园文化对沟通技能培养的导向作用

校园文化承载着一所学校在长期发展过程中形成的价值观、办学理念等核心要素，这些要素对大学生沟通技能培养发挥着关键的导向功能。价值观作为校园文化的精神内核，深刻影响着学生对沟通本质的理解与认知。积极向上、开放包容的校园文化所倡导的真诚、平等、尊重的沟通原则，是基于对人性的尊重和对良好人际关系构建的考量。

在这样的文化氛围中，学生能够认识到沟通不仅是信息的传递，更是情感的交流、思想的碰撞，以及人格的相互尊重。这种认知引导学生树立正确的沟通态度，使他们以真诚之心对待每一次沟通，摒弃虚伪与敷衍；秉持平等观念，不论双方身份地位，都能以平等姿态进行交流；心怀尊重之意，尊重他人的观点、感受和差异。

办学理念同样在沟通技能培养方向上发挥着引领作用。以培养创新人才为目标的校园文化，将创新意识融入各个教育环节，包括沟通技能的培养。在这种文化环境下，学校鼓励学生突破传统思维的束缚，勇于在沟通中表达新观点、新思路。教师在教学过程中也会积极引导学生进行批判性思考和创新性表达，通过课堂讨论、小组项目等多种形式，为学生提供沟通交流的机会，激发学生之间的思维碰撞。这种碰撞不仅有助于学生形成独特的见解，更促使他们不断探索新的沟通方式和技巧，以更好地传达自己的创新想法，从而推动沟通技能朝着创新性方向发展。

（二）校园文化为沟通技能培养提供环境支持

校园文化对大学生沟通技能培养的支持体现在物质和精神两个层面。物质文化层面，校园的建筑布局、活动场地设置等硬件设施，对学生沟通的频率和方式有着直接影响。

合理规划的校园空间能够巧妙地增加学生交流互动的机会。例如，开放式的教学楼设计，配备充足的休息区和讨论空间，使学生在课间休息时能够自然地进行交流。图书馆设置舒适的研讨室，为学生提供了安静且适宜交流的场所，方便他们围绕学术问题展开深入讨论。校园内多样化的活动场地，如广场、花园，为学生组织各类社团活动、文化交流活动提供了空间，不同专业、不同背景的学生在这里汇聚，极大地提高了沟通的频率。而且，这些丰富多样的场地环境也促使学生根据不同场景采用不同的沟通方式，如正式的演讲、轻松的聊天，锻炼了他们在多种情境下的沟通能力。

精神文化层面，校园内的学术氛围和人际关系氛围为沟通技能培养营造了良好的心理环境。浓厚的学术氛围犹如肥沃的土壤，滋养着学生对知识的渴望。在这种氛围下，学生受到求知欲的驱动，在沟通中追求知识的深度和广度。学术讲座、学术研讨会等活动频繁举办，学生们积极参与其中，与专家学者、同学进行思想交流，为了更好地理解和表达学术观点，他们不断提升自己的沟通技能，学会用准确、严谨的语言阐述复杂的学术问题，培养逻辑思维和批判性思维能力，这些能力又进一步促进了他们在其他领域的沟通水平。

和谐的人际关系氛围则是沟通的润滑剂。在一个充满关爱、互助、信任的校园人际关系环境中，学生更愿意主动参与沟通。他们不用担心被嘲笑、被排斥，能够放下心理负担，积极地与他人分享自己的想法和感受。这种和谐的氛围减少了沟通中的障碍，如紧张、恐惧、误解，使学生能够更加流畅、自然地进行沟通，从而在不断的实践中提升沟通技能。

（三）沟通技能培养丰富和发展校园文化

大学生沟通技能的培养与校园文化的发展是相辅相成的关系。具备良好沟通技能的大学生成为校园文化传播的重要力量。他们能够运用出色的表达能力、倾听技巧和人际交往能力，将校园文化的内涵准确、生动地传递给更多人。无论是在校内与同学、教师的日常交流，还是在校外与社会各界人士的互动中，他们都能成为校园文化的“代言人”。

在信息传播日益多元化的今天，学生通过各种渠道展示校园文化。例如，在参加学术竞赛、社会实践活动时，他们凭借良好的沟通技能，向外界介绍学校的办学特色、学术成就、文化传统等，扩大校园文化的影响力。同时，学生在沟通实践中不断探索和创新，形成新的沟通方式和沟通内容，这些都反哺校园文化，为其注入新的活力。

随着新媒体技术的发展，学生利用新媒体平台开展丰富多彩的特色文化交流活动。他们通过制作短视频、开设网络直播、运营社交媒体账号等方式，展示校园生活、文化活动、师生风采等内容，不仅吸引了更多人关注校园文化，还丰富了校园文化的传播形式。此外，学生在网络沟通中形成的独特语言风格、互动模式等，也逐渐融入校园文化，推动校园文化不断适应时代发展，实现创新与传承。这些新的沟通方式和内容成为校园文化的一部分，使校园文化更加贴近学生生活，更具时代特色和吸引力，促进校园文化不断发展和繁荣。

二、基于校园文化物质层面营造有利于沟通技能培养的氛围

（一）优化校园建筑布局与设施

1. 打造开放交流空间

在校园规划中，增加开放式广场、中庭、咖啡吧等公共交流空间，这些空间应具备舒适的座椅、良好的采光和通风条件，为学生提供自然、轻松的

沟通场所。例如，在教学楼的每层设置小型休息区，摆放桌椅和绿植，方便学生课间交流讨论。

2. 建设数字化沟通设施

配备先进的多媒体教学设备、网络设施等，满足学生在数字时代多样化的沟通需求。如在教室安装高清投影仪、音响系统和高速无线网络，便于学生进行线上线下相结合的沟通活动，如远程视频交流、多媒体展示等。

（二）完善校园文化景观设计

1. 融入沟通主题元素

在校园景观设计中，融入与沟通相关的元素，如雕塑、壁画，以艺术的形式传达沟通的重要性和积极意义。例如，在校园主干道旁设置以“对话”为主题的雕塑，展现人们真诚交流的场景，引发学生对沟通的思考。

2. 设置沟通文化长廊

打造沟通文化长廊，展示不同文化背景下的沟通方式、沟通历史，以及优秀沟通案例等内容。通过图文并茂的展示，让学生在日常校园生活中潜移默化地了解沟通知识，提升沟通意识。

三、基于校园文化精神层面营造有利于沟通技能培养的氛围

（一）培育积极的沟通价值观

1. 开展主题教育

通过举办专题讲座、主题班会等形式，向学生传播积极的沟通价值观，如尊重、理解、包容、真诚。邀请沟通领域专家开展讲座，分享沟通技巧和成功沟通案例，引导学生树立正确的沟通观念。

2. 将沟通价值观融入课程教学

各学科教师在教学过程中，结合课程内容渗透沟通价值观教育。例如，在思想政治理论课中，通过案例分析引导学生思考如何在不同观点碰撞中保

持理性沟通，尊重他人意见。

（二）营造浓厚的学术沟通氛围

1. 举办学术交流活动

学校定期组织学术讲座、学术研讨会、学术竞赛等活动，鼓励学生积极参与学术交流。为学生提供与专家学者、同行交流的平台，促进学术思想的碰撞和沟通能力的提升。例如，举办学科专业学术论坛，让学生有机会展示自己的研究成果，并与其他同学和教师进行深入探讨。

2. 建立学术导师制度

实施学术导师制度，为学生配备专业导师，指导学生开展学术研究和学习。导师与学生之间的定期交流和指导过程，不仅有助于学生学术水平的提高，也能锻炼学生与专业人士沟通的能力。

（三）塑造和谐的人际关系氛围

1. 加强心理健康教育

开展心理健康教育课程和心理咨询服务，帮助学生提高心理素质，增强人际交往能力。通过心理辅导，引导学生正确处理人际关系中的矛盾和冲突，学会有效沟通和情绪管理。

2. 组织团队建设活动

以班级、社团为单位组织各种团队建设活动，如户外拓展、志愿服务等。在活动中培养学生的团队合作精神和沟通协作能力，促进学生之间建立良好的人际关系。

四、基于校园文化制度层面营造有利于沟通技能培养的氛围

（一）制定沟通技能培养相关制度

1. 课程设置与考核制度

将沟通技能相关课程纳入人才培养方案，明确课程目标、教学内容和考

核标准。例如，开设《沟通技巧》《演讲与口才》等必修课或选修课，并制定科学合理的考核方式，不仅关注学生的理论知识掌握情况，更注重实践沟通能力的考核。

2. 实践活动制度

建立健全学生沟通实践活动制度，鼓励学生参与各类沟通实践项目，如模拟面试、商务谈判、文化交流活动。对积极参与实践活动并取得良好成绩的学生给予相应的奖励和学分认定。

（二）完善校园沟通管理机制

1. 信息反馈机制

建立学校与学生之间畅通的信息反馈渠道，如校长信箱、学生座谈会、在线反馈平台。及时收集学生对学校管理、教学等方面的意见和建议，并给予有效回应，让学生感受到自己的声音被重视，提高学生参与沟通的积极性。

2. 沟通行为规范制度

制定校园沟通行为规范，明确学生在不同场合的沟通礼仪和行为准则。对违反规范的行为进行适当的教育和引导，营造文明、有序的沟通环境。

五、基于校园文化行为层面营造有利于沟通技能培养的氛围

（一）教师示范引领

1. 提升教师沟通素养

加强教师培训，提高教师的沟通技能和素养。教师在课堂教学、日常交流中要展现出良好的沟通能力，如清晰的表达、耐心的倾听、积极的反馈，为学生树立榜样。

2. 建立良好师生沟通关系

教师要主动与学生建立平等、民主、和谐的师生关系，鼓励学生积极表达自己的想法和困惑。通过定期的师生交流活动，如课后谈心、学习指导，

增进师生之间的了解和信任，为学生提供沟通实践的机会。

（二）学生社团活动推动

1. 开展沟通类社团活动

支持和引导学生成立沟通类社团，如演讲协会、辩论社。社团组织各类沟通技能培训、比赛和实践活动，如演讲比赛、辩论赛、模拟法庭，为学生提供多样化的沟通实践平台。

2. 鼓励社团跨文化交流活动

鼓励学生社团开展跨文化交流活动，与不同学校、不同文化背景的社团进行合作与交流。通过跨文化沟通实践，拓宽学生的视野，提高学生的跨文化沟通能力。

（三）校园媒体宣传引导

1. 发挥校园媒体平台作用

利用校园广播、电视、报纸、新媒体平台等宣传阵地，传播沟通知识和技巧，报道校园内优秀的沟通案例和活动。例如，制作沟通技能专题节目、发布沟通技巧文章等，营造关注沟通技能培养的舆论氛围。

2. 开展线上沟通互动活动

借助校园新媒体平台开展线上沟通互动活动，如话题讨论、线上投票等。吸引学生积极参与，引导学生在网络环境中进行理性、文明的沟通交流，提升学生的网络沟通能力。

六、构建校园文化与氛围营造的协同机制

（一）加强部门协同

学校各部门要形成协同育人的合力，共同推进校园文化建设和沟通技能培养工作。教务处负责沟通技能课程的设置与教学管理，学生处负责组织学

生实践活动和心理健康教育，宣传部负责校园文化宣传和舆论引导，后勤部门负责校园物质环境建设等。各部门明确职责，相互配合，确保各项工作有序开展。

（二）促进家校社联动

加强学校与家庭、社会的联系与合作。学校定期向家长反馈学生的沟通技能发展情况，指导家长在家中培养学生的沟通能力。同时，积极与社会企业、社区等合作，为学生提供更多的沟通实践机会，如实习、社会实践活动。通过家校社联动，构建全方位的沟通技能培养体系。

（三）建立评估反馈机制

建立科学合理的校园文化与沟通技能培养效果评估体系，定期对校园文化建设和学生沟通技能发展情况进行评估。通过问卷调查、学生作品分析、实践活动考核等方式收集数据，了解学生的需求和存在的问题。根据评估结果及时调整校园文化建设策略和沟通技能培养方案，不断优化培养体系。

第四节　师资队伍的建设与发展

师资队伍作为教育活动的直接实施者，在大学生沟通技能培养中扮演着至关重要的角色。一支具备数字素养和专业沟通教学能力的师资队伍，是构建适应数字时代需求的大学生沟通技能培养体系的关键。然而，当前高校师资队伍在面对数字时代的新要求时，还存在诸多不足。所以，在数字时代背景下，深入研究怎样强化师资队伍建设，进而有力推动大学生沟通技能培养体系的有效搭建，无论是在理论层面还是实践领域，都具有不可忽视的重要意义。

一、数字时代对高校师资队伍的新要求

数字时代要求教师具备良好的数字素养，包括熟练掌握各种数字教学工

具和平台，如在线教学平台、虚拟教室、多媒体制作软件。能够利用这些工具设计和实施多样化的教学活动，如线上直播教学、虚拟小组讨论、多媒体作业布置与批改。

教师不仅要传授传统的沟通知识和技能，还需要引导学生适应数字时代的沟通方式。这意味着教师要深入理解数字沟通的特点和规律，掌握数字沟通中的礼仪、规范和技巧，如网络语言的恰当使用、电子文档的规范格式等，并将其融入教学内容中。

面对数字时代学生获取信息渠道的多元化，教师需要具备更强的引导能力。能够帮助学生筛选和甄别海量的数字信息，培养学生批判性思维和信息分析能力，使学生在复杂的数字环境中能够准确把握沟通的本质和目的。

二、当前师资队伍在大学生沟通技能培养方面的现状与问题

（一）师资队伍数字素养参差不齐

部分教师对数字技术的掌握仅停留在基本的操作层面，无法充分利用数字工具的优势进行教学创新。例如，一些教师虽然能够使用在线教学平台进行课程直播，但对于平台的互动功能、数据分析功能等了解有限，不能充分发挥其在沟通技能培养中的作用。

不同学科背景的教师数字素养存在差异。理工科教师可能在技术应用方面相对较强，但在沟通教学的专业知识和方法上有所欠缺；文科教师在沟通教学方面有一定基础，但对数字技术的接受和应用速度相对较慢。这种不均衡的数字素养状况影响了沟通技能培养的整体效果。

（二）沟通教学专业能力有待提高

许多教师缺乏系统的沟通教学专业培训，对沟通技能的理论体系和教学方法掌握不够深入。在教学过程中，往往采用传统的讲授式教学方法，缺乏互动性和实践性，难以激发学生的学习兴趣和积极性。

部分教师对数字时代沟通技能的新要求认识不足，教学内容未能及时更新。仍然侧重于传统的面对面沟通技巧，而对数字沟通、跨文化沟通等新内容涉及较少，无法满足学生在数字时代的学习需求。

（三）缺乏有效的激励与支持机制

高校对教师参与沟通技能培养相关教学改革和研究的激励措施不足。在职称评定、绩效考核等方面，对沟通技能教学成果的认可度不高，导致教师缺乏积极性和动力投入到相关工作中。

学校在数字教学资源建设和培训方面的支持力度不够。缺乏专门针对沟通技能培养的数字教学资源库，教师在获取和整合教学资源时面临困难。同时，针对教师数字素养和沟通教学能力提升的培训体系不完善，培训内容和方式不能满足教师的实际需求。

三、数字时代下师资队伍建设的目标与原则

（一）建设目标

第一，打造一支具备高数字素养的师资队伍，使教师能够熟练运用数字技术开展教学活动，实现沟通教学的数字化、智能化。教师能够根据数字时代的特点，设计和实施多样化的数字教学方案，提高教学效果。

第二，培养教师深厚的沟通教学专业能力，使其精通沟通技能的理论与实践，掌握先进的教学方法和策略。能够根据学生的不同需求和特点，提供个性化的沟通技能指导，提升学生的沟通能力。

第三，推动教师形成跨学科的教学视野和能力。鼓励教师融合不同学科的知识和方法，丰富沟通教学的内容和形式，培养学生在多元背景下的沟通能力。

（二）建设原则

第一，以需求为导向，紧密结合数字时代大学生沟通技能培养的实际需

求，确定师资队伍建设的内容和方向。关注学生在数字沟通、跨文化沟通等方面的需求变化，及时调整教师培训和发展计划。

第二，注重系统性，将师资队伍建设作为一个系统工程，综合考虑数字素养提升、专业能力培养、激励机制建立等多个方面。各方面相互协调、相互促进，形成一个有机的整体。

第三，强调实践与创新相结合，在师资队伍建设过程中，注重教师实践能力的培养，通过实践项目、教学实习等方式，让教师在实际教学中积累经验。同时，鼓励教师创新教学方法和模式，探索适应数字时代的沟通教学新途径。

四、数字时代下师资队伍建设的具体策略

（一）提升教师数字素养

第一，开展分层分类的数字素养培训，根据教师的数字技术基础和学科特点，设计不同层次和类型的培训课程。对于数字技术基础薄弱的教师，提供基础操作培训，如办公软件高级应用、多媒体素材制作等；对于有一定基础的教师，开展深度培训，如在线教学平台的高级功能应用、虚拟教学环境的创建。

第二，建立数字素养学习社区，为教师提供一个交流和分享数字技术应用经验的平台。教师可以在社区内分享教学案例、讨论技术难题、学习他人的成功经验。学校可以邀请数字技术专家定期在社区内进行指导和答疑，促进教师数字素养的共同提升。

第三，鼓励教师参与数字教学项目实践，通过实际项目锻炼教师的数字应用能力。学校可以设立专项基金，支持教师开展数字教学改革项目，如开发数字沟通课程、创建数字化教学资源库等。在项目实施过程中，教师能够将数字技术与沟通教学深度融合，提高自身的数字素养和教学能力。

（二）加强沟通教学专业能力培养

第一，组织系统的沟通教学专业培训，邀请国内外沟通领域的专家学者举办专题讲座和培训课程。培训内容涵盖沟通理论、教学方法、课程设计等方面，帮助教师构建完整的沟通教学知识体系。

第二，开展教学观摩与研讨活动，定期组织教师观摩优秀的沟通教学示范课，学习先进的教学方法和技巧。观摩结束后，组织教师进行研讨和交流，分享自己的学习心得和体会，共同提高教学水平。

第三，支持教师参加国内外沟通领域的学术会议和研究活动，鼓励教师开展沟通教学相关的科研项目。通过学术交流和科研活动，教师能够及时了解沟通领域的前沿动态，将最新的研究成果融入教学中，提升教学的学术性和专业性。

（三）建立完善的激励与支持机制

第一，完善教师评价体系，将沟通教学成果纳入教师职称评定、绩效考核的重要指标。对在沟通技能培养方面取得突出成绩的教师，如开发出优秀的沟通课程、指导学生在沟通竞赛中获奖等，给予适当的奖励和政策倾斜。

第二，设立专项教学改革基金，用于支持教师开展沟通教学改革项目。基金可以用于购买教学资源、开展教学实验、参加培训交流等方面，为教师的教学改革提供物质保障。

第三，加强数字教学资源建设，学校应加大投入，建设专门的沟通教学数字资源库。资源库应包括教学课件、案例库、在线课程、模拟沟通场景等多种资源，为教师教学提供丰富的素材和支持。

五、师资队伍建设与其他培养体系要素的协同

（一）与课程体系建设的协同

师资队伍建设要紧密围绕沟通技能培养课程体系的目标和要求。教师应

参与课程标准的制定和教材的编写，确保教学内容与数字时代的沟通技能需求相匹配。同时，根据课程体系的安排，合理设计教学方法和教学活动，提高课程教学质量。

课程体系建设要为教师专业发展提供平台。通过开设跨学科的沟通课程，促进教师跨学科知识的融合和教学视野的拓展。课程的更新和改革也应推动教师不断学习和提升自己的教学能力，实现师资队伍与课程体系的共同发展。

（二）与实践教学的协同

教师要积极参与实践教学环节的设计和指导。利用自己的专业知识和实践经验，为学生提供真实场景下的沟通实践机会，如组织学生参加企业实习、社区服务、模拟商务谈判活动。在实践过程中，教师及时给予学生指导和反馈，提高学生的沟通实践能力。

实践教学为教师提供了丰富的教学素材和研究课题。教师可以通过实践教学发现学生在沟通中存在的问题，将这些问题转化为教学研究的方向，进一步改进教学内容和方法。同时，实践教学也有助于教师提升自己的实践能力，更好地适应数字时代对沟通教学的要求。

（三）与校园文化建设的协同

师资队伍作为校园文化建设的重要力量，应将沟通文化融入校园文化建设中。教师通过言传身教，向学生传递积极的沟通价值观和行为准则，营造良好的校园沟通氛围。例如，教师在课堂上倡导开放、包容的沟通态度，鼓励学生积极表达自己的观点。

校园文化建设为师资队伍建设提供了良好的环境支持。丰富多样的校园文化活动为教师提供了与学生互动交流的平台，有助于教师更好地了解学生的需求和特点，改进教学方法。同时，积极向上的校园文化也能够激发教师的工作热情和创造力，促进师资队伍的整体发展。

六、数字时代下师资队伍建设的保障措施

（一）政策保障

高校应制定专门的师资队伍建设政策，明确数字时代下沟通技能培养师资队伍建设的目标、任务和措施。政策要具有可操作性和针对性，为师资队伍建设提供明确的指导和支持。

政府教育部门应出台相关政策，鼓励高校加强沟通技能培养师资队伍建设。例如，在教育经费分配、项目立项等方面给予倾斜，为高校师资队伍建设创造良好的政策环境。

（二）经费保障

高校要加大对师资队伍建设的经费投入，设立专项经费用于教师培训、教学改革项目、数字教学资源建设等方面。确保经费的合理使用，提高经费的使用效益。

积极争取社会资金的支持，通过与企业合作、接受社会捐赠等方式，拓宽经费来源渠道。企业可以为高校提供实习基地、培训资源等支持，同时高校可以为企业提供人才培养和技术服务，实现互利共赢。

（三）组织保障

成立专门的师资队伍建设领导小组，负责统筹规划和协调师资队伍建设工作。领导小组要定期召开会议，研究解决师资队伍建设中存在的问题，确保各项工作顺利推进。

加强高校内部各部门之间的协作配合，形成师资队伍建设的合力。教务处、科研处、人事处等部门要各司其职，共同为教师的专业发展提供服务和支持。例如，教务处负责教学安排和质量监控，科研处负责科研项目管理和学术交流，人事处负责教师的引进、考核和职称评定等工作。

总之，数字时代为大学生沟通技能培养带来了新的机遇和挑战，而师资队伍建设是应对这些挑战、把握机遇的关键所在。通过提升教师的数字素养、加强沟通教学专业能力培养、建立完善的激励与支持机制，并促进师资队伍建设与课程体系、实践教学、校园文化建设等其他培养体系要素的协同发展，能够构建一支适应数字时代需求的高素质师资队伍。

在政策、经费和组织等多方面保障措施的支持下，这支师资队伍将能够有效地推动大学生沟通技能培养体系的构建和完善，培养出具备良好数字沟通能力、跨文化沟通能力和批判性思维能力的高素质人才，使他们在数字时代的激烈竞争中脱颖而出，为社会的发展和进步作出贡献。同时，高校也应不断关注数字时代的发展变化，持续优化师资队伍建设策略，以确保大学生沟通技能培养始终与时代需求相契合。

参考文献

［1］韦路. 数字鸿沟 概念、成因与后果［M］. 杭州：浙江大学出版社，2024.

［2］谢湖伟. 数字鸿沟与数字机遇［M］. 宁波：宁波出版社，2021.

［3］汪志锋，许元政，王玉侠. 大学生实用沟通［M］. 2 版. 北京：北京理工大学出版社，2021.

［4］肖丽艳. 大学生沟通艺术［M］. 成都：西南交通大学出版社，2018.

［5］张彬. 数字鸿沟测度理论与方法［M］. 北京：北京邮电大学出版社，2009.

［6］张大均. 教育心理学［M］. 北京：人民教育出版社，2011.

［7］江丕权，李越，戴国强. 解决问题的策略与技能［M］. 北京：科学普及出版社，1992.

［8］刘建明. 基础舆论学［M］. 北京：中国人民大学出版社，1988.

［9］陈力丹. 舆论学［M］. 北京：中国广播电视出版社，1999.

［10］刘建明. 舆论传播［M］. 北京：清华大学出版社，2001.

［11］缪晓雷. 互联共信：数字时代的线上社会资本与普遍信任［J］. 开放时代，2023（6）：102-116，8.

［12］田丽，安静. 网络社交现状及对现实人际交往的影响研究［J］. 图书情报工作，2013，57（15）：13-19.

［13］戚攻. 网络社会——社会学研究的新课题［J］. 探索，2000（3）：87-89.

［14］郭小弦，周润琪. 数字时代的社会交往模式：线上与线下的对比研究［J］. 浙江社会科学，2023（12）：84-92，117，158-159.

［15］陈晓强，胡新华. 从社会学视角解析虚拟社会交往［J］. 山西高等学校社会科学学报，2003（9）：22-25.

［16］陈世华，黄盛泉. 分割社会：互联网时代的媒介场域研究［J］. 南昌大学学报（人文社会科学版），2015，46（5）：111-115.

［17］吴新慧，陈云松. 在线沟通对青年人际关系的影响［J］. 青年研究，2019（2）：38-49，95.

［18］刘珂，佐斌. 网络人际关系与现实人际关系一体论［J］. 云南师范大学学报（哲学社会科学版）2014，46（2）：68-74.

［19］Franzen A. Social Capital and the Internet: Evi dence from Swiss Panel Data［J］. Kyklos, 2010, 56(3): 341.

［20］Uslaner E M. Trust，Civic Engagement，and the Internet［J］. Political Communication, 2004, 21(2): 223-242.

［21］沐贤斌. 数字鸿沟的现状、成因及对策研研究［D］. 合肥：安徽大学，2010：10.

［22］姜彩杰. 手机媒介对农村社会交往方式的重构：以鲁南地区安太庄村为例［D］. 合肥：安徽大学，2013.

［23］高海波. 拉斯韦尔 SW 模式探源［J］. 国际新闻界，2008（10）：37-40.

［24］沈正赋. 信息耗散模式与新闻真实性：兼论香农－韦弗“噪声”说和马莱兹克系统模式［J］. 安徽师范大学学报（人文社会科学版），2012，40（2）：201-207.

［25］李瑞贵. 高校“以学生为中心”教育理念的理论意义及实施策略［J］. 黑龙江高教研究，2009（8）：132-134.

［26］王斌. 高校教育中的多元融合模式实践创新路径［N］. 科学导报，2024-08-27.

［27］娜日，吴晓伟，吕继红. 国内外信息素养标准研究现状与展望［J］. 图书情报工作，2010，54（3）：32-35.

［28］张晋鹤. 学习场景下大学生信息素养提升策略研究［J］. 图书馆杂志，2017，36（12）：75-79.

［29］叶艳鸣. 慕课，桥东图书馆新变革的支点［J］. 国家图书馆学刊，2014

（2）：3-9.

［30］徐笑一. 我国高校信息素养教育 SCPT 培养模式研究［J］. 图书馆学研究，2017（10）：16-19，57.

［31］张丹. MOOC 环境下我国信息素养教育研究综述［J］. 图书情报工作，2016（11）：143-148.

［32］欧群. MOOC 环境下混合式信息素养教学模式研究［J］. 图书情报工作，2015，59（14）：85-89.

［33］蒋丽丽，陈幼华. 基于翻转课堂的高校信息素养教育设计研究［J］. 图书馆杂志，2015（12）：23-28，76.

［34］李明华. Moocs 革命：独立课程市场形成和高等教育世界市场新格局［J］. 开放教育研究，2016，19（3）：11-29.

［35］洪跃，付瑶，杜辉，等. 国内高校图书馆信息素养教育现状调研分析［J］. 大学图书馆学报，2016（6）：90-99.

［36］张彬. 新媒体背景下大学生信息素养提升策略研究［J］. 黑龙江人力资源和社会保障，2021（6）：105-107.

［37］王旭东. 新时代大学生社恐成因与纾解策略研究［J］. 公关世界，2024（17）：21-23.

［38］孙兵燕，杨希. 大学生浅社交现象透视及引导［J］. 天津中德应用技术大学学报，2024（6）：84-89.

［39］王梓霈尔. 新媒体时代大学生媒介素养培育策略探讨［J］. 新闻研究导刊，2024，15（8）：87-89.

［40］徐瑞朝，曾一昕. 国内信息过载研究述评与思考［J］. 图书馆学研究，2017（18）：21-25，60.

［41］查先进，李力，严亚兰，等. 数字图书馆环境下信息有用性和信息获取影响因素研究：信息获取自我效能的调节效果［J］. 情报学报，2017（7）：669-681.

［42］顾习龙，吴一凡. 网络舆论危机对大学生伦理道德的影响与应对策略

[J]. 经济与社会发展，2011，9（8）：153-155.

［43］新华社. 中共中央 国务院印发《中长期青年发展规划（2016－2025 年）》［EB/OL］.（2017-04-13）［2025-02-15］. https://www.gov.cn/zhengce/202203/content_3635263.htm#1.

［44］中国网信网. CNNIC 发布第 46 次《中国互联网络发展状况统计报告》［EB/OL］.（2020-09-29）［2025-02-15］. https://www.cac.gov.cn/2020-09/29/c_1602939909285141.htm.